Hildegard Stumpf
Die bedeutendsten Pädagogen

Hildegard Stumpf

Die bedeutendsten Pädagogen

Unter wissenschaftlicher Mitarbeit
von Bettina Kruhöffer und Michael Wirries

marixverlag

Inhalt

INHALT

Einleitung

Unter dem Titel »Die wichtigsten Pädagogen« werden den interessierten Leserinnen und Lesern bedeutende Pädagogen im Kontext ihrer Zeit vorgestellt. In prägnanten Porträts wird ein Einblick gewährt in Leben und Werk verschiedenster Persönlichkeiten, die sich in der Geschichte um Theorie und Praxis der Erziehung verdient gemacht haben.

Die Kriterien zur Auswahl der »wichtigsten Pädagogen« der Vergangenheit sind dabei bewusst weit gefasst: So werden namhafte Stifterinnen und Stifter von Leitideen der Erziehung sowie Wissenschaftlerinnen und Wissenschaftler, die Bedingungen und Ergebnisse pädagogischer Bemühungen zu analysieren suchen, betrachtet, aber auch Gründerinnen und Gründer beispielhafter Erziehungseinrichtungen und Bildungsorganisationen. Insofern wird auch die Vieldeutigkeit des Begriffs der Pädagogik und ihres Wirkungsbereiches herausgestellt: Pädagogik ist zum einen Theorie, Lehre von der Bildung des Menschen und reflektierendes und projektierendes Nachdenken über Erziehung. Zum anderen meint Pädagogik ebenso die Praxis des erzieherischen Handelns in den verschiedensten Bereichen wie Familie, Kindergarten, Schule, Betrieb und ist somit ein Sammelbegriff für alle Bemühungen, mit der die eine Generation der nachkommenden bei Reifungs-, Eingliederungs- und Bildungsprozessen helfen will.

Diese Bemühungen um die nachfolgende Generation hat es von jeher gegeben. Sie sind darin begründet, dass der neugeborene Mensch seine Anlagen noch nicht ausgebildet hat und deshalb zwar besonders lernfähig, aber auch erziehungsbedürftig und auf Begleitung durch Erwachsene angewiesen ist.

Eine ausgewiesene und eigenständige Reflexion dieser Begleitung setzte in unserem Kulturkreis allerdings erst mit der Renaissance ein. Zwar thematisieren bereits »klassische« Vertreter der Antike und des Mittelalters (Sokrates, Augustinus, Thomas v. Aquin u. a.) Fragen der Erziehung und des Lernens, aber ihre Erziehungslehren und Ideen sind noch stark geprägt von einer übergeordneten Philosophie, Theologie oder Kosmologie. Mit der Renaissance beginnt eine selbständige Diskussion in der Gesellschaft um erzieherische Fragen, deren Problemlagen und Perspektiven in unserer Gegenwart vielfach in veränderter Form und unter neuen Bedingungen aufgegriffen werden können (z. B. die Frage von Autorität und Strafe im Erziehungsprozess). Bis diese theoretischen Entwürfe den Rang einer Wissenschaft einnehmen durften, dauerte es noch bis zum Ende des 18. Jahrhunderts. 1779 wurde der erste Lehrstuhl für Pädagogik an der Universität Halle eingerichtet, auch um die Lehrerbildung zu professionalisieren. Wenngleich diese Anstrengungen um ein universitäres Lehrerstudium im ersten Anlauf nicht von Dauer waren, so verdeutlichen sie doch die Entwicklung der Pädagogik zur wissenschaftlichen Kunstlehre, die sich den Fragen widmet, wie Menschen lernen und wie Lehren, Erziehen und Bilden als professionelle Tätigkeit praktisch gelingen kann.

Es bleibt zu betonen, dass der Blick auf die Geschichte immer von eigenen Konstrukten geleitet ist. Insofern unterliegen sowohl Auswahl als auch Darstellung der geschichtlichen Persönlichkeiten unserem subjektiven Moment. Auch sollte die Zuordnung der vorgestellten Personen zu den charakterisierten Epochen und ihren geistigen Hauptströmungen als methodisches Hilfsmittel verstanden werden, das einen Bezug der Persönlichkeiten zu den in der jeweiligen Zeit vorherrschenden Grundmotiven aufzeigen will, ohne dabei die Individualität und Dynamik einzelner Entwürfe zu verallgemeinern.

Literatur:

Böhm, W.: Geschichte der Pädagogik. Von Platon bis zur Gegenwart. München 2004

Weimer, H.: Geschichte der Pädagogik. Von J. Jacobi völlig neu bearbeitet. Berlin/New York 1992 (19. Auflage)

RENAISSANCE, HUMANISMUS UND REFORMATION

Der Begriff »Renaissance« lässt sich übersetzen mit »Wiedergeburt«. Bezeichnet wird damit die geschichtliche Epoche, deren Höhepunkt etwa um 1500 gesehen wird. Von Italien ausgehend kam es zu einer Wiedergeburt griechischer Ideen und Ideale. Es kam somit zu einer leidenschaftlichen Abkehr von den starren hierarchischen Strukturen des Mittelalters. Statt Standesbewusstsein wurden Individualität und Lebensbejahung des Menschen ins Bewusstsein gerückt. Der massive Wandel der Gesellschaftsstrukturen betraf die unterschiedlichsten Lebensbereiche. Persönlichkeiten aus Kunst und Literatur begannen beispielsweise, sich selbst zu thematisieren in Form von Porträts, Selbstbiographien, Liedern, Briefen und Essays.

Der damals neu erwachende Forschergeist machte die Renaissance auch zum Zeitalter der Entdeckungen. So kam es 1450 zur Erfindung des Buchdrucks durch Johannes Gutenberg und um 1500 zu den Reisen in fremde Kontinente durch Christoph Kolumbus.

Gesellschaftspolitische Veränderungen bestanden in der zunehmenden Schwächung des Feudalstaates, dem Zusammenbruch des Rittertums und einer wachsenden Macht für Bürger (z. B. Händler in der Stadt) und Fürsten. Die Veränderungen waren aber auch mit Konflikten verbunden, als die Bauern gegen Abgaben und das Lehnswesen protestierten (Bauernkriege). Ebenso fällt die Entstehung des Nationalbegriffs in diese Zeit, da sich die politischen Gebiete stark voneinander abgrenzten, Nationengrenzen festlegten und erstmals nationale Schriftsprachen begannen, sich flächendeckend durchzusetzen.

Die Grundgedanken der Renaissance hatten auch Auswirkungen auf den Bereich der Religion. Das Christentum verlor an staatsprägender Kraft. Die Wissenschaften lösten sich allmählich aus dem kirchlichen Weltbild, und die mittelalterliche Orientierung auf das Jenseits hin wich einer Betonung der Diesseitigkeit des Menschen in all seinen Lebensvollzügen. Damit ging das Bestreben einher, sowohl die wirtschaftliche Produktion als auch das Ideal des allseitig und umfassend gebildeten Menschen zu stärken. Aufgrund des wachsenden Interesses an Bildung entstanden humanistische Gelehrtenschulen, die sich von den alten, kirchlich fixierten Bildungseinrichtungen abgrenzten. Griechisch und Latein wurden zum Bildungsziel erhoben. Dom- und Klosterschulen verloren folglich an Bedeutung. Die Vormachtstellung der Kirche wurde insbesondere durch die Reformation in Frage gestellt. Während im Mittelalter das Leben der Menschen in allen Bereichen durch die Kirche bestimmt wurde und dieser gehorsam untergeordnet war, lehnten die Reformatoren das Papsttum bzw. die hierarchische Kirchenstruktur ab. Die Aufgabe der Kirche wurde nunmehr darin gesehen, das Evangelium zu verkünden, weshalb zur Durchführung des Gottesdienstes in der Sprache des Volkes statt in Latein aufgerufen wurde.

In den folgenden Porträts wird die Bedeutung dieser geistigen Veränderungen am Leben und Werk bedeutender Persönlichkeiten konkretisiert: Die Ideen des Erasmus von Rotterdam und Michel de Montaignes als Vertreter des Humanismus, von Martin Luther als großem Reformator und von Philipp Melanchthon als Reformator und Humanist werden in dem jeweiligen geistesgeschichtlichen Kontext eingeordnet und auf ihre pädagogischen Implikationen hin befragt.

Literatur:

Mörke, O.: Die Reformation. Voraussetzung und Durchsetzung (Enzyklopädie deutscher Geschichte; Bd.74). München 2005

Aston, M.: Die Renaissance. Kunst, Kultur und Geschichte. Düsseldorf 2003

ERASMUS VON ROTTERDAM

(1466 oder 1469–1536)

Desiderius Erasmus ist als einer der berühmtesten Humanisten der Renaissance im nördlich der Alpen liegenden Teil des deutschen Reiches und als Verfasser philosophischer, theologischer, rhetorischer und pädagogischer Schriften in die Bildungsgeschichte eingegangen. Er stand für eine freiere und kritische Aneignung der christlichen und antiken Überlieferung in Kirche, Erziehung, Universität und öffentlichem Leben.

Wahrscheinlich in Rotterdam geboren, trat Erasmus nach dem frühen Tod seiner Eltern in das Augustinerkloster zu Steyn (bei Gouda) ein, wodurch er die damaligen Möglichkeiten wahrnehmen konnte, sich in Jugendjahren zu bilden und späterhin Bildung zu verbreiten. 1492 erhielt er die Priesterweihe. Nach seinen Theologiestudien an den Pariser Universitäten unterrichtete Erasmus als Privatlehrer und gelangte als kirchenkritischer Schriftsteller 1499 erstmals nach England, später auch nach Italien. Während seines zweiten Englandaufenthaltes traf er mit den Humanisten und Theologen John Colet (1467–1519) und Thomas Morus (1478–1535) zusammen, wodurch seine intellektuellen, christlich-humanistischen Reformbestrebungen mit neuen Orientierungen in Berührung kamen. Erasmus beginnt 1510, das Neue Testament aus dem Griechischen ins Lateinische zu übersetzen. Dabei arbeitete er erstmals mit den Mitteln kritischer Philologie. Die erste Ausgabe erscheint sechs Jahre später in Basel. Im selben Jahr gibt er Thomas Morusens Text *Utopia* heraus. Vermutlich hatte Erasmus auch inhaltlich Anteil an der phantasievollen Erfindung der Insel »Nusquama« (»Nirgendwo«), einem Gemeinwesen, in dem kein Privateigentum zugelassen ist, einer Tugend-Republik, in der Erziehung und Bildung allen Kindern beiderlei Geschlechts zuteil wird. Gelehrsamkeit dient nicht professionellen Erfordernissen, sondern als moralische Hilfsquelle. In der Darstellung *Utopias* verbindet sich die anschauliche Beschreibung reformierter Institutionen mit der Schilderung des moralisch reformierten Menschen.

Erasmusens lateinische Ausgabe des Neuen Testaments wird später Luthers Grundlage für dessen deutsche Übersetzung von 1521 sein. Doch bereits durch die Bibelübersetzung des Erasmus verliert die sogenannte Vulgata-Übersetzung aus dem 5. Jahrhundert ihre von der Kirche seit Jahrhunderten verteidigte sakrale Unantastbarkeit; denn Erasmusens Textfassung ist nun den gesellschaftlichen Bildungsschichten zugänglich.

In seiner Studienanleitungsschrift *De ratione studii* von 1512, die darüber Auskunft gibt, wie ein Studium aufgebaut sein sollte, legte Erasmus erstmals sein pädagogisches Konzept dar. Er betont darin die Freiheit des Schülers, dem, seiner Individualität geschuldet, Respekt gebührt, sowie das notwendige Vertrauensverhältnis zwischen den Schülern. In verschiedenen Briefen äußert sich Erasmus über den Unterricht in den klassischen Sprachen. Kunstfertiges Reden in schönen Wissenschaften entspricht seinem Ideal von geistiger Unabhängigkeit und Gelehrsamkeit. Erasmus verfasst auch Schriften über die weibliche Erziehung und veröffentlicht mit den *Vertrauten Gesprächen* (1517) ein Schulbuch, das bis ins 18. Jahrhundert hinein an Gymnasien verwendet wurde. Zudem misst er der Erziehung im frühen Kindesalter mit seiner Schrift *Über die Notwendigkeit einer frühzeitigen allgemeinen Charakter- und Geistesbildung der Kinder* (1519) Bedeutung bei. Den Zweck der Erziehung definiert Erasmus als das Gestalten des Menschen – womit er zunächst das einzelne Individuum meint – zur Form durch Vernunft: »Was geboren wird, ist sozusagen ganz wie rohe Materie: Erziehung zieht Form darüber.« So wendet Erasmus die aristotelische Lehre der Naturphilosophie von Materie und Form für das Verständnis vom Werden des Menschen an. Im aristotelischen Modell der *paideia* (Erziehung) gab es einerseits das Rohmaterial menschlicher Gefühle und intellektueller sowie anderer Dispositionen und andererseits das *telos* (Ziel) des gebildeten, tugendhaften Mannes. Nach humanistischer Auffassung der beginnenden Neuzeit wurde ein Mensch nicht als vollkommener Mensch geboren, sondern nur als das Potenzial zu werden, was er ist. Darüber hinaus vertrat die humanistische Kultur die Zuversicht einer

moralischen Besserung der Gesellschaft durch Erziehungsreformen. Folglich definiert Erasmus Tugend als mit der Vernunft
übereinstimmende Gewohnheit des Gemüts. Selbstkontrolle
und Beherrschtheit, das heißt die Sublimierung menschlicher
Natur, sind somit jene zivilisierten Verhaltensweisen, die ein
Bürger im gesellschaftlichen Raum an den Tag legen muss, um
an öffentlichen Geschäftsformen und Praktiken teilnehmen zu
können. Erasmus zufolge sind sie Ausdruck innerer ethischer
Qualitäten der Seele. Für das 16. Jahrhundert ungewöhnlich di-
rekt formuliert die Pädagogik des Erasmus die Wechselwirkung
von individueller Entfaltung und Disziplin.

Literatur:

Erasmus, D.: Ausgewählte Schriften. Hrsg. v. W. Welzig, 8 Bde., lat. u.
dt. Darmstadt 1967–1980

Augustijn, C.: Erasmus von Rotterdam. Leben – Werk – Wirkung.
München 1986

Baker-Smith, D.: More's Utopia. London/New York 1991

Faludy, G.: Erasmus von Rotterdam. Frankfurt/M. 1973

Martin Luther

(1483–1546)

»Ich bin ein Bauernsohn; der Urgroßvater, mein Großvater,
der Vater sind richtige Bauern gewesen. Ich hätte eigentlich ein
Vorsteher, ein Schultheiß und was sie sonst noch im Dorf haben, irgendein oberster Knecht über die andern werden müssen. Danach ist mein Vater nach Mansfeld gezogen und dort ein
Berghäuser geworden. Dorther bin ich. Daß ich aber ein Baccalaureus und Magister wurde, dann (…) Mönch wurde, (…)
dann trotzdem dem Papst in die Haare geriet, (…) daß ich eine
entlaufene Nonne zum Weibe nahm – wer hat das in den Ster-
nen gelesen?«

Diese Zusammenfassung seines dramatischen Lebenslaufes
schildert Martin Luther in einer seiner Tischreden. Martin Lu-

ther, heute vorrangig in seiner Bedeutung als Initiator der Reformation bekannt, hat auch das erzieherische Denken seiner Zeit sowie die Entwicklungen im Schulwesen mitbestimmt und geprägt.

Luther wurde am 10.11.1483 in Eisleben geboren und einen Tag später auf den Namen des Tagesheiligen, Martin, getauft. Seine Familie siedelte 1484 nach Mansfeld über, wo sein Vater, Hans Luder, in dem aufblühenden Kupferbergbau sein Einkommen bestritt. Luther besuchte zunächst die städtische Lateinschule und anschließend, mit knapp vierzehn Jahren, die bekannte Domschule in Magdeburg. Nach einer weiteren Station, der Pfarrschule St. Georg in Eisenach, nahm er 1501 in Erfurt das Studium an der artistischen Fakultät auf. Bereits eineinhalb Jahre später legte er den Baccalaureus der Philosophie ab und war damit verpflichtet, bei der Betreuung von Studienanfängern mitzuwirken. Nach bestandener Magisterprüfung 1505 wechselte er an die juristische Fakultät und erhoffte sich mit diesem Schritt, den Grundstein zu seiner weiteren beruflichen Karriere zu legen. Diese Pläne zerbrachen jedoch, denn am 2.7.1505 geriet Luther bei Stotternheim in ein heftiges Gewitter und gelobte in seiner Todesangst – ein in der Nähe einschlagender Blitz erschreckte ihn zutiefst – für den Fall seiner Rettung, Mönch zu werden. Bereits zwei Wochen später trat er gegen den Willen seines Vaters in den Orden der Erfurter Augustinereremiten ein. 1507 erhielt er die Priesterweihe, begann, vom Orden beauftragt, das Studium der Theologie und hielt erste Lehrveranstaltungen. Nach dem Wechsel nach Wittenberg, wo er eine Professur für Moralphilosophie übernahm, promovierte Martin Luther 1512 zum Doktor der Theologie. Neben seinen Verpflichtungen für den Orden und als Universitätslehrer beschäftigte er sich intensiv mit der Bibel. Mehr und mehr quälte ihn dabei die Suche nach einem gerechten Gott.

Seine theologischen Studien des Römerbriefes führten ihn schließlich zu der Erkenntnis, dass der Mensch nie dem fordernden Willen Gottes zu entsprechen vermag und sich deshalb vor Gott nur als Sünder bekennen kann. Nicht die Vergebung der Sünden durch die Kirche, sondern allein die freie und bedingungslos geschenkte Gnade Gottes bewirke seiner Auffassung nach das Heil des Menschen (Rechtfertigung). Diese reformatorische Erkenntnis, dass der Gerechte nur aus Glauben leben wird (vgl. Römerbrief Kap.1,17), stand im Verständnis Luthers im Gegensatz zu einem Missbrauch der Buß- und Beichtpraxis, wie er sich in der mittelalterlichen Kirche eingeschlichen hatte: Durch die Zahlung einer Geldsumme bot die Kirche Gläubigen die Möglichkeit, nicht abgeleistete Bußübungen zu kompensieren und somit dem Tod im Fegefeuer zu entkommen.

Infolge der Auseinandersetzung mit dem Ablassprediger und Dominikanerpater Johannes Tetzel löste Luther mit seinen schriftlich formulierten Thesen an der Tür der Schlosskirche in Wittenberg (31.10.1517) die Reformation aus. Luther, der seine Thesen auch auf dem Reichstag zu Worms (1521) vor dem Kaiser nicht widerrief, verfiel der Reichsacht. Zehn Monate lebte Luther zurückgezogen auf der Wartburg als »Junker Jörg«. In dieser Zeit übersetzte er das Neue Testament ins Deutsche. Im Folgenden kam es zum Bruch mit der alten Kirche. Luther begann nun mit verschiedenen Maßnahmen, die Neugestaltung der Kirche selbst voranzutreiben. Die Liturgie im Gottesdienst sollte auf Deutsch verlesen werden, Messgewänder wurden abgeschafft, das Gemeindeleben neu strukturiert. Luther bestritt in seiner Schrift *Über die Mönchsgelübde*, dass ein erzwungenes Gelübde nicht gebrochen werden dürfe. Infolgedessen traten Mönche und Nonnen aus den Klöstern aus, Priester gingen Ehen ein. Luther selbst heiratete 1525 die entflohene Nonne Katharina von Bora, mit der er sechs Kinder hatte, wovon zwei schon in jungen Jahren starben.

In den folgenden Jahren verschärfte sich der Konflikt zwischen den »protestantischen« Lutheranhängern und Landesfürsten sowie Papst- und Kaisertum, und es kam zu zahlreichen politischen Auseinandersetzungen. Den Augsburger Religionsfrieden 1555 konnte Luther nicht mehr miterleben. Er starb 1546 in Eisleben.

Abgesehen von der enormen Fülle an Schriften, die für die Theologie bis heute von Relevanz sind, ist auch Luthers lebenslanges Interesse an Fragen der Erziehung und Bildung offensichtlich. Die christliche Unterrichtung der Jugend stellte für ihn schon früh ein wichtiges Anliegen dar. Dieses Anliegen ist in engem Zusammenhang mit der reformatorischen Theologie zu sehen. Im Mittelpunkt der Theologie Luthers stand die unmittelbare Verantwortung des Einzelnen gegenüber Gott. Mit seiner Lehre vom Priestertum aller Gläubigen brach Luther mit der klerikalen Überhöhung des geistlichen Standes und machte jeden Einzelnen für sein eigenes Seelenheil und die Erkenntnis des Glaubensgrundes durch das Studium der Schrift verantwortlich. Ein wesentlicher Beitrag zur Bildung des Volkes war deshalb die Bibelübersetzung Luthers in die deutsche Sprache. Dank der Entwicklung des Buchdruckes war es nun möglich, dem Volk erschwingliche Bibeln zur Verfügung zu stellen. Allein in Wittenberg wurden zwischen 1534 und 1584 hunderttausend Exemplare gedruckt. Aber vor allem die Sprache der Bibel war zum Bildungsmittel geworden. Heinrich Heine bemerkte später, dass Luther mit seiner Bibelübersetzung »die deutsche Sprache« geschaffen habe. Luther trug dazu bei, dass sich die zu dieser Zeit langsam entstehende allgemeine deutsche Sprache zur Schriftsprache entwickeln konnte.

Die Forderung der Volksbildung erforderte natürlich auch die Aufstellung eines umfassenden Bildungsplanes. Dabei erkannte Luther bald, dass es nicht nur darum ging, einen Lehrplan für die religiöse Unterweisung zu erstellen, sondern auch darum, neue Schulen zu gründen, damit das Volk im Lesen unterrichtet werden konnte. Hauptziel des schulischen Unterrichts war die Erziehung zum Christenmenschen, die Vorbereitung der Schülerinnen und Schüler auf die Teilnahme an der kirchlichen Praxis. Um diesen Zielen flächendeckend näher zu kommen, sollten zunächst die bestehenden Schulen erfasst werden. Bei Visitationen im Fürstentum Sachsen, an denen Luther sich beteiligte, fand er ein erschütterndes Bild vor: Von 718 sächsischen Kirchspielen hatten nur 71 eine Schule.

Gemeinsam mit Melanchthon und Bugenhagen bemühte sich Luther um die Reform bzw. Neuordnung des mittelalterlichen Bildungswesens, das sich infolge der Reformation in einer existenzbedrohenden Krise befand. In den beiden Schriften *An die Ratsherren aller Städte deutschen Landes, dass sie christliche Schulen aufrichten und erhalten sollen* (1524) und *Eine Predigt, dass man*

Kinder zur Schule halten solle (1530) rief Luther zur Gründung, Erhaltung und zum pflichtmäßigen Besuch von Schulen auf. In einer seiner frühesten Schriften »An den christlichen Adel deutscher Nation von des christlichen Standes Besserung« schrieb er: »(…) und wollt Gott, ein jeglich Stadt hätt auch ein Meidschulen, darinnen des Tages die Maidlein (…) das Evangelium hörten, es wäre zu deutsch oder lateinisch.« Allerdings ging Luther noch davon aus, dass es in den meisten Fällen genüge, die Knaben zwei Stunden und die Mädchen eine Stunde am Tag zu unterrichten. Nur die besonders begabten Kinder sollten zu Beamten, Gebildeten und Ministern ausgebildet werden. Daran wird deutlich, dass Luther zwar in erster Linie deshalb Schulen einrichten wollte, um die Unterweisung des Volkes in der Religion voranzutreiben, aber auch ebenso das Ziel verfolgte, genügend Bürger heranzubilden, die als ordentlich Ausgebildete den Staat auf vernunftbegabte Weise stützen könnten. Angesichts ihres weltlichen Erziehungsauftrages sollte die Schule auch die Jugend zur Übernahme gesellschaftlicher Führungsaufgaben befähigen. Luther sah dabei sowohl den Staat als auch die Kirche in der Verantwortung und Pflicht, für Schulen und Universitäten zu sorgen.

Bei den sächsischen Schulvisitationen fiel dem Reformator zudem auf, dass dem Volk die einfachsten christlichen Grundgedanken fremd waren. Um den Verantwortlichen für die dringend erforderliche Unterrichtung geeignetes Material zur Verfügung zu stellen, wies Luther bereits 1525 auf die Notwendigkeit eines Katechismus hin. Im Jahre 1529 erschienen schließlich der Kleine und der Große Katechismus (Januar/April), die für die christliche Erziehung bis heute von großer Bedeutung sind.

Dem »Selbststudium« und der religiösen Unterweisung durch Prediger und Hausväter diente der Kleine Katechismus, der Predigt- und Lehrvorbereitung der Große Katechismus. Die Ausführungen des Reformators zu Dekalog (den zehn Geboten), Glaubensbekenntnis und Vaterunser bildeten gewissermaßen den Umriss einer »Erziehung zu Gottes Dienst«: »Das sind die nötigsten Stücke, die man zum ersten lernen muß (…) Denn es ist mitnichten zu leiden, daß ein Mensch so roh und wild sei und solches nicht lerne, weil es in diesen drei Stücken kürzlich und gröblich und aufs einfältigste verfasset ist alles, was wir in der Schrift haben.« Das pädagogisch relevante Kernstück des Katechismus ist jedoch der Dekalog. Damit die Gesellschaft bestehen kann und funktioniert, sind im Verständnis Luthers allgemein gültige sittliche Werte unbedingt notwendig. Das erzieherische Handeln kann aber nicht nur auf die bloße Vermittlung verschiedener Werte abzielen, sondern meint die Verinnerlichung der Grundsätze im Bewusstsein des Einzelnen. Der Begriff Verantwortung nimmt hier eine zentrale Stellung ein. Luther betont die personale Verantwortung gegenüber Gott und leitet den einzelnen Christen zugleich an, die eigenen Handlungsziele und -folgen auf das Wohl des Nächsten abzuwägen.

Zusammenfassend lässt sich festhalten, dass sich Martin Luther in vielfältiger Weise maßgeblich für die Entwicklung des deutschen Bildungssystems seiner Zeit eingesetzt hat.

Literatur:

Luther, M.: Kritische Gesamtausgabe (Weimarer Ausgabe). 1883ff

Carstens, L.O.: Luther als Pädagoge. Studien zur Relevanz pädagogischer Grundgedanken Martin Luthers in einer wertunsicheren Welt. Aachen 1998

PHILIPP MELANCHTHON

(1497–1560)

Für seine reformerische Organisation des evangelischen Latein- und Hochschulwesens erhielt Philipp Melanchthon, ein Weggefährte Martin Luthers, bereits zu Lebzeiten den Ehrentitel *Praeceptor Germaniae*.

Im kurpfälzischen Bretten als Sohn eines Waffenschmiedes geboren, studiert er zunächst die alten Sprachen in Tübingen. Nach dem Studium übernimmt er – auf Empfehlung seines Lehrers und Großonkels Johannes Reuchlin (1455–1522) – als

21-Jähriger bereits eine Professur für Griechische Sprache und Grammatik sowie Rhetorik und Theologie an der Universität zu Wittenberg. Im Ringen um die Erneuerung der Kirche im Geiste des Evangeliums zieht Luther, der 1517 seine Thesen gegen den Ablass verkündet hat, schon bald den jungen Gelehrten bei allen entscheidenden Verhandlungen zu Rate. Unter Mitarbeit anderer Theologen verfasst Melanchthon 1530 die Bekenntnisschrift der lutherischen Fürsten und Städte, das *Augsburger Bekenntnis*.

Melanchthons pädagogisches Werk umfasst Schulbücher für den gesamten Kursus der artes liberales, Grammatiken sowie Kommentare zur Bibel und zu antiken Autoren. Unter den vielen Studenten, die Melanchthons Vorlesungen im Verlauf seiner vier Jahrzehnte währenden Lehrtätigkeit in Wittenberg hören, befinden sich auch die drei späteren protestantischen Schulrektoren: Valentin Trotzendorff (1490–1556) gründet im schlesischen Goldberg ein Gymnasium; Johannes Sturm (1507–1589) errichtet ein Gymnasium in Straßburg und leitet es gemäß seinem Bildungsideal der weisen und beredten Frömmigkeit; Michael Neander (1525–1595) wirkt als Rektor der Klosterschule zu Ilfeld. Alle drei bleiben ihrem Lehrer verbunden und bemühen sich, ihren Schülern Sprache und Geist der Alten Schriften, vorab Ciceros, und zugleich die Lehre der Reformatoren zu vermitteln.

Melanchthon erlebt die Reformationskämpfe und den dadurch hervorgerufenen Zusammenbruch des Schulwesens in den evangelischen Gebieten. Mehr noch als Luther begreift er, dass der Verfall von Wissenschaft und sprachlicher Bildung die Realisierung des reformatorischen Grundanliegens gefährdet. Gegenüber den Fürsten mangelt es ihm nicht an Argumenten – traditionelle, politische, soziale, organisatorische, eschatologische und vor allem reformatorische –, die belegen, dass die Einrichtung von Schulen sowohl den Interessen der Regierenden als auch jenen der Kirche entspricht.

1528 verfasst Melanchthon die *Kursächsische Kirchen- und Schulordnung für die Lateinschulen,* die für viele nachfolgende Schulordnungen richtungweisend wird. Von der Etablierung höherer Schulerziehung und wissenschaftlichen Studiums erhofft er sich positive Auswirkungen auf die Charakterbildung des Menschen. So vertritt Melanchthon die Überzeugung, »dass gute Sitten von der Gelehrsamkeit her erworben werden.« Die frühe Neuzeit ist in Deutschland vor allem durch die konfessionsübergreifende Bildungsexpansion während der Reformation und die daran anschließende Konfessionalisierung gekennzeichnet. Das Schulwesen gewinnt die Aufmerksamkeit religiöser und weltlicher Autoritäten; und so entsteht ein Netz von Gymnasien, das im Wesentlichen die Grundlage des sekundären Bildungswesens bis zum Beginn des 19. Jahrhunderts darstellt.

Melanchthon reformiert auch die Universität Wittenberg, indem er die philosophische Ausbildung akzentuiert und in der Theologie die scholastische Exegese der Heiligen Schrift einführt. Schließlich gelingt es ihm, Martin Luther, der Aristoteles und dessen Vernunftlehre misstraut, vom Wert der humanistischen Studien zu überzeugen. Melanchthon – als Reformator nicht weniger einflussreich denn als Humanist und von einer pädagogisch realistischen Einstellung bestimmt – bemüht sich in anthropologisch-pädagogischen Grundsatzfragen ebenso um Ausgleich wie in Bezug auf innerreformatorische Gegensätze. Er widmet sich dem Aufbau eines evangelischen Schulwesens und kämpft gegen seinen den meisten Reformatoren angesichts der Allursächlichkeit göttlichen Willens eigenen Zweifel an den Möglichkeiten menschlicher Erziehung. Humanistischer Optimismus und reformatorischer Pessimismus versöhnen sich gewissermaßen in Melanchthon, der in seiner Anthropologie zwischen dem natürlichen Menschen und dem Menschen in der Gnade Gottes zu vermitteln sucht und die menschliche Willensfreiheit ausdrücklich bejaht. 1560 stirbt Philipp Melanchthon in Wittenberg.

Dem Protestantismus gelang es nicht, sich in Deutschland zu einer Nationalreligion zu entwickeln. Vielmehr blieb die konfessionell, das heißt lutherisch, calvinistisch oder katholisch geprägte Pädagogik, die im 16. Jahrhundert entstand, ein wesentlicher Bestandteil der deutschen Erziehungswirklichkeit. Der Wunsch, die deutsche Nation im protestantischen Glauben zu vereinigen, verhinderte in der Geschichtsschreibung von Erziehung und Bildung lange eine angemessene Beurteilung der katholischen Pädagogik des 16. Jahrhunderts. Denn solange die protestantische Religion mit kulturellem Fortschritt gleichgesetzt wurde und der Katholizismus mit spiritueller Oberflächlichkeit, solange konnte insbesondere der Beitrag der Jesuiten-Pädagogik zur modernen pädagogischen Theorie und Praxis nicht (an-)erkannt werden. Indes gewährleistete das humanistische Gymnasium Melanchthon'scher, Sturm'scher und jesuitischer Prägung die Kontinuität der Antike-Rezeption seit dem 16. Jahrhundert.

Literatur:

Melanchthon deutsch. Hrsg. v. M. Beyer u. a., Bd. I: Schule und Universität. Philosophie, Geschichte und Politik. Leipzig 1997

Scheible, H.: Melanchthon. Eine Biographie. München 1997

Stupperich, R.: Philipp Melanchthon. Gelehrter und Politiker. Göttingen/Zürich 1996

MICHEL DE MONTAIGNE

(1533–1592)

Sicher gebührt Michel de Montaigne kein Platz unter den pädagogischen Praktikern; auch wurden durch ihn keine Institutionen gegründet. Er selbst bekannte sich dazu, mit Kindern nicht viel anfangen zu können. Dennoch hat er den Grundvorstellungen seiner Zeit entscheidende Denkanstöße gegeben.

Ab 1549 studiert Montaigne in Paris am Collège des Lecteurs royaux und wird schließlich Richter in Pèrigueux und Bordeaux. Auf seinen Reisen in die Schweiz, nach Italien und Deutschland kommt er ins Gespräch mit verschiedenen Reformatoren und besucht die neu eingerichteten Jesuitenkollegs Süddeutschlands. Als Bürgermeister von Bordeaux (1581–1585), dessen Einwohner damals zu einem Siebtel Reformierte waren, bestätigt er den reformatorischen Lehrplan des ansässigen humanistischen Collège de Guyenne, das er einst selbst besucht hatte. Der kanonischen Struktur des Lehrplans mit den Fächern Grammatik, Logik und Rhetorik wird eine Art Sachkunde zugeordnet, wobei die Schüler die »Dinge« selbst wählen und unterscheiden können sollen. Sowohl die Lerngegenstände als auch ihre zeitliche Abfolge samt den Unterrichtsmethoden werden nicht mehr einem geschlossenen Lehrplan unterstellt, sondern epochal aufeinander bezogen. Mit dieser Vorform des individualisierten Unterrichts ist das Collège de Guyenne das erste seiner Art im Südwesten Frankreichs. 1592 stirbt Montaigne an seinem Geburtsort, Schloss Montaigne, in der Dordogne.

In seinen pädagogischen Essays (frz. Essais: Versuche), die Montaigne als literarische Gattung begründet, reflektiert er die humanistische Erziehung, die in Zusammenfassungen wie *Über die Schulmeisterei* oder *Über die Bildung der Jugend* dargelegt sind. Der Begriff »Versuche« drückt nicht nur den Verzicht auf endgültige Aussagen aus, sondern auch die Überzeugung, dass weder er selbst als Autor noch der Mensch als solcher auf ein Ordnungsprinzip zu reduzieren seien. Montaigne formuliert Ziele einer liberalen Erziehung, die bis heute den Erziehungsprogrammen westlicher Länder mittelbar wie unmittelbar zugrunde liegen. So misst Montaigne dem Erfahrungswissen eine produktive Kraft im Umgang mit der Welt bei. Um diese Kraft zu entfalten, müssen Didaktik und Methodik die Verarbeitung des Wissens gewährleisten. Dabei setzt sich Montaigne deutlich von den Erziehungspraktiken seiner Zeit ab. Vor allem das Auswendiglernen als bloße Informationsspeicherung wird von ihm kritisch gesehen: »Wahrlich, all die Sorge und all der Aufwand der Väter zielt nur darauf ab, uns den Kopf mit Wissenschaft zu möblieren. Von Urteilsvermögen und Tugend ist kaum etwas zu hören.«

Den Sinn des Lebens sieht Montaigne in der vernünftigen Selbstgestaltung der Lebensführung durch fortwährende Selbsterkenntnis. Selbsterforschung ist ihm zufolge das wichtigste anthropologische Verfahren. Erfahrungsberichte und Anekdoten, antike Sentenzen und Redensarten nimmt er zum Anlass, um Überlegungen zum Lauf der Welt und über die vernünftige Lebensführung anzuknüpfen. Das in der Betrachtung seiner selbst und des bunten Treibens seiner Mitmenschen stets gegenwärtige pädagogische Interesse richtet sich zwar auf das Leben der Erwachsenen und die Möglichkeiten seines Gelingens, doch fragt er gelegentlich auch nach den Voraussetzungen, die in Kindheit und Jugendalter gelegt werden. Darüber hinaus aber widmet Montaigne der Kindheit keine Aufmerksamkeit. Die Heranwachsenden werden ihm erst in dem Maße wichtig, wie sie zu vernünftigen Gesprächspartnern werden. Die pädagogischen Ideen Montaignes, der noch immer einer der meistgelesenen Schriftsteller Frankreichs ist, zeigten besondere Wirkung in Bezug auf die allgemeine literarische Bildung und die pädagogischen Traditionen im engeren Sinne. In seinem essayistischen Abhandlungsstil entwickelt Montaigne eine freie eigenständige Form des sich selbst reflektierenden Denkens. Im Zentrum der breit gefächerten Thematik (Philosophie, Politik, Geschichte, Religion, Erziehung und persönliche Lebensführung, Literatur) steht der Mensch, den er mit dem Ziel der Selbstklärung und Selbstfindung und einer von jeglicher Systematisierung freien Beobachtung in seiner Vielfalt, Widersprüchlichkeit und Veränderlichkeit beschreibt. Montaignes offenem Denkstil entspricht eine assoziativ-induktive, sich selbst ständig relativierende Darstellung. Mit seinem deskriptiven Verfahren der Urteilsenthaltung und dem Zweifel an den Möglichkeiten gesicherten Erkenntnisgewinns bzw. an der Existenz objektiver Wahrheit wurde Montaigne zum Begründer des sogenannten neuzeitlichen Skeptizismus. Wie alle intellektuellen Diskurse richten sich auch die Äußerungen Montaignes an den Geltungsbereich der führenden Gesellschaftsschicht, die sich mit seinen Ideen der lebens- und welterschließenden Offenheit auseinanderzusetzen verstand. Zudem spielte in der adligen Gesellschaft die Höhe des Aufwands für Erziehung kaum eine Rolle; einer auf Nützlichkeit ausgerichteten Spezialbildung bedurfte es nicht, weil einer Lohn bringenden Berufsarbeit nicht nachgegangen wurde. Im Gegenteil: Den Broterwerb, wie ihn akademische Privatgelehrte in der Regel ausüben mussten, machten Zeitgenossen als Ursache der Pedanterie humanistischen Studiums aus.

Literatur:

Montaigne, M. de: Essais. Erste moderne Gesamtübersetzung. Hrsg. von H. Stilett, Frankfurt/M. 1998

Elias, N.: Über den Prozeß der Zivilisation. Soziogenetische und psychogenetische Untersuchungen. Bd. I, Frankfurt/M. 1976
Lacouture, J.: Michel de Montaigne. Ein Leben zwischen Politik und Philosophie. Frankfurt/M. u. a. 1998

JAHRHUNDERT DES BAROCK

Der Barock steht nicht nur für eine Stil- und Kunstrichtung in der Nachfolge der Renaissance, sondern auch für eine gesamtgesellschaftlich geprägte Epoche von Beginn des 17. Jahrhunderts bis etwa Mitte des 18. Jahrhunderts. Während sich im Zeitalter der Renaissance und Reformation die mittleren politischen Gewalten aus dem hierarchischen mittelalterlichen Universalstaat herausgelöst hatten, zeigte das 17. Jahrhundert wieder verstärkt die Tendenz zu Machtballung und Zentralisierung. Politisch ist die Epoche des Barocks also vom Absolutismus mit seinem monarchischen Gottesgnadentum, seinem Expansionsdrang und dem Bedürfnis nach Repräsentation sowie seinem beliebigen Verfügen über den einzelnen Untertanen geprägt.

Eine auch die Pädagogik beeinflussende Charakteristik dieses Jahrhunderts ist das Streben nach straffer Planung und Regulierung, nach Systematisierung und Klarheit. Dies wird nicht nur in der Führung von Staatsverwaltung und der Lenkung der Wirtschaft deutlich, sondern auch im planvollen Anlegen von Gärten und ganzen Städten (Mannheim 1652), in den Bemühungen, die Sprache zu reinigen, in der Gründung von Vereinigungen (z. B. Berliner Akademie der Wissenschaften) sowie in den detaillierten Entwürfen großer Philosophen (z. B. Descartes, Spinoza, Leibniz).

Demzufolge entspricht auch die Pädagogik der spezifischen Gedankenbildung dieser Epoche: Erziehungsentwürfe waren bestimmt von der Idee einer vernünftig-planvollen Führung des Menschen und zeigen den Willen zur Systematisierung pädagogischer Erfahrungsräume und Methoden. In diese Zeit fallen die Anfänge des staatlich eingerichteten Schulwesens ebenso wie das Bemühen um verbindliche Unterrichtsverfahren. Anders als in der Pädagogik der Aufklärung ist die Frage nach dem Unterrichtsziel noch nicht im Blick; dieses bleibt somit religiös-supranaturalistisch festgelegt. Insofern ist die Pädagogik des Barock durch eine eigentümliche Mischung aus naturalistisch-rationalistischen und theologischen Gedanken geprägt. Ein Repräsentant dieser Pädagogik ist vor allem Comenius.

Eine weitere wichtige Strömung im ausgehenden 16. Jahrhundert ist der Pietismus. Hier ist eine Gemeinsamkeit mit dem aufklärerischen Anliegen zu erkennen, gegen die dogmatische Enge des Daseins durch Schulphilosophie, Orthodoxie und scholastische Theologie und humanistische Buchgelehrsamkeit vorzugehen. Primär aus religiösem Antrieb heraus geht es im Pietismus um eine Individualisierung und Verinnerlichung des Glaubens, um einen »Aufstand des Herzens« gegen die lebensfeindliche theologische Haarspalterei, um den Kampf gegen soziale, wirtschaftliche und pädagogische Missstände. Besonders am Beispiel August Hermann Franckes lassen sich diese Motive aufzeigen.

Literatur:

Reble, A.: Geschichte der Pädagogik. 18. Auflage, Stuttgart 1995
Treml, A. K.: Pädagogische Ideengeschichte. Ein Überblick. Stuttgart 2005

JOHANN AMOS COMENIUS

(1592–1670)

Als Theologe und Erzieher wurde der tschechische Gelehrte Jan Amos Komensky unter seinem lateinischen Namen schon zu Lebzeiten in ganz Europa bekannt, sowohl aufgrund seiner Lehr- und Schulbücher, insbesondere aber wegen seiner Friedens- und Einigungsvorschläge während des Dreißigjährigen

Krieges. Staatsmänner wie der französische Kardinal Armand Richelieu (1585–1642), Fürsten aus Deutschland und Ungarn sowie das englische Parlament sind stellvertretend für all jene Institutionen zu nennen, die sich um seinen Rat bemühten.

Johann Amos Comenius wurde am 28. März 1592 in dem Dorf Nivnice im südlichen Mähren geboren. Die Familie Komensky gehörte der Böhmisch-Mährischen Brüderunität an. Als Ausdruck christlicher Glaubensbewegung sind diese Unitäten aus der tschechischen Reformation und dem Pietismus innerhalb der protestantischen Kirche entstanden. Brüdergemeinden verstehen sich auch heute noch als freie evangelische Gemeinschaft ohne Kirchenhierarchie, ohne Beteiligung an politischer Gewalt. Ebenso verzichten die Gemeinschaften auf liturgisches Gepräge und sind im Verbund freikirchlicher Gemeinden weiterhin verbreitet. Den Glaubensgemeinschaften wurde zu Comenius' Zeiten Ketzertum nachgesagt, weshalb man sie verfolgte. Für die südmährische Brüderunität war Comenius Lehrer, Pfarrer, politischer Wortführer und Bischof.

Früh verwaist und von einer Tante großgezogen, besucht er erst mit 16 Jahren die Lateinschule in Prerau. Bereits drei Jahre später beginnt er seine philosophische Ausbildung an der calvinistischen Universität in Herborn; 1614 beendet er sein Studium an der Universität Heidelberg und übernimmt noch im gleichen Jahr die Leitung der Lateinschule in Prerau, jener Schule, die er einst selbst besucht hat. Während dieser Zeit entwickelt Comenius eine tschechische Grammatik. Zwei Jahre später wird er zum Pfarrer der Brüdergemeinde ordiniert und leitet Schule und Gemeinde von Fulnek (Mähren). Mit Beginn des Dreißigjährigen Krieges und der böhmischen Erhebung gegen Habsburg ist die Stellung der brüderischen Gemeinden unmittelbar bedroht. Alle Nichtkatholiken müssen fliehen. Auch Comenius wechselt in unregelmäßigen Abständen seine Aufenthaltsorte. Eine Seuche im verwüsteten Land raubt ihm 1622 seine Frau und seine beiden Kinder. Es entsteht sein Werk *Das Labyrinth der Welt und das Paradies des Herzens*, eine Art Erbauungs- und Trostbuch, das die Pilgerschaft des Menschen beschreibt, der auf Erden zur *ewigen Heimat* unterwegs ist.

1627 werden alle Protestanten gezwungen, Böhmen zu verlassen. Comenius geht mit seiner zweiten Frau und den verbliebenen Mitgliedern der Böhmischen Brüdergemeinde nach Lissa (Polen) ins Exil. Hier beginnt ein neuer, weltoffener und produktiver Lebensabschnitt. Als Lehrer an der höheren Schule arbeitet sich Comenius zunächst theoretisch wie praktisch in die Grundfragen des Sprachunterrichts ein. So entsteht schließlich die Erstfassung seiner Sprachdidaktik, heute allgemein die *Böhmische Didaktik* genannt, sowie 1631 die Veröffentlichung *Janua linguarum reserata*, ein lateinisches Sprach- und Sachkundebuch, das sowohl die scholastische als auch die althumanistische Lehrtradition aufgreift. Ein Werk also, das auf dem Prinzip der Parallelität von Sach- und Wortwissen beruht. 1636 übernimmt Comenius die Leitung des Lissaner Gymnasiums. Die Arbeit an den Lehrbüchern setzt er unterdessen fort. So verfasst er unter anderem ein Werk für den Anfangsunterricht, *Vestibulum januae linguarum*, sowie ein Erziehungs- und Lehrbuch für Eltern, das *Informatorium der Mutterschul*. Die Grundidee all seiner Lehrbücher ist religiös und folgt der Auffassung, dass Gott den Menschen an den ihm zugedachten Platz gestellt hat, damit er als vernünftiges, rechtschaffenes und frommes Wesen am göttlichen Schöpfungsplan mitarbeite. Vernünftig kann der Mensch nach Comenius nur sein, wenn er alle Dinge und Mitgeschöpfe kennt, benennen und recht behandeln lernt. Insofern ist die von Comenius entwickelte Didaktik eine Stufe auf dem Weg zum vernünftigen Gebrauch alles Wissbaren und Gottgeschaffenen und damit ein unerlässlicher Beitrag zur Verbesserung der weltlichen Dinge. Comenius handelt und lehrt in der Überzeugung, dass der Einzelne alles Wissen im Zusammenhang zu überschauen vermag; er traut sich zu, eine Allweisheitslehre *(Pansophia)* entwerfen zu können und alle Wissenschaften in der Quintessenz zu vereinigen, die den Weg in eine hellere Epoche weist. Diese pansophischen Bestrebungen finden durchaus Verbreitung und Mitträger. 1641 wird Comenius nach England eingeladen, um im Parlament die Gründung eines universalwissenschaftlichen Instituts zu beraten. Ebenfalls im Auftrag des englischen Parlaments arbeitet Comenius an seiner kulturpolitischen Hauptschrift, der *Via lucis*. Ähnlichen Einladungen von Kardinal Richelieu nach Frankreich und des Harvard College in Massachusetts/Neuengland folgt Comenius nicht. Allerdings vereiteln die Bürgerkriege (1642–1649) zwischen Parlament und Krone, die mit der Hinrichtung Charles I. enden, seine Schulreformen in England.

Ein Jahr darauf folgt Comenius einer Einladung an den schwedischen Königshof. Auf der Reise besucht er in Holland den Philosophen René Descartes (1596–1650), der die pansophischen Schriften mit Skepsis beurteilt: Die Verquickung von Analogiedenken und wissenschaftlicher Argumentation, von Vernunft und Offenbarungsweisheit ist für Descartes unannehmbar; umgekehrt stehen der cartesianische Zweifel und die von Descartes vertretende Betonung des Subjekts dem pansophischen Interesse des Comenius unverbunden gegenüber. Die Philosophie Descartes' handelt vom *Discours de la Méthode*, der Untersuchung über die Methode. Sie besteht darin, an allem Seienden zu zweifeln, um mittels Falsifikationsprinzip, angewandt als Widerlegung einer wissenschaftlichen Aussage durch ein Gegenbeispiel, an einen sicheren Ausgangspunkt des Denkens zu gelangen. Anlass ist der Umstand, in den bestehenden Wissenschaften auf keine klaren und sicheren Erkenntnisse zurückgreifen zu können.

Auch in Schweden ist man weniger an der Pansophie als an der Verwertbarkeit der Schulbücher des Comenius interessiert und beauftragt diesen mit der Neufassung und Erweiterung von Sprachlehrbüchern. Gleichzeitig fungiert Comenius als Vermittler zwischen der polnischen und schwedischen Diplomatie. Sein polnischer Mentor, König Wladyslaw, der seine schwedischen Dienste stützt, stirbt jedoch 1648, und so verlässt Comenius das Land und kehrt nach Lissa zurück, wo schon bald seine zweite Frau stirbt. Da der Westfälische Friede nicht zur Anerkennung der Brüdergemeinschaft als selbständige Kirche neben Luthertum und Calvinismus führt, ist Comenius, dem Bischof der Brüdergemeinschaft, die legale Rückkehr nach Böhmen verwehrt. 1650, nun zum dritten Mal verheiratet, wird Comenius nach Sáros Patak (Siebenbürgen) berufen, wo er im Auftrag des Fürstenhauses Rákóczi die Lateinschule pansophisch reformieren soll. Es entstehen die pädagogischen Schriften *Schola ludus* (Die Schule – ein Spiel) und das hundertfach wieder aufgelegte

und oft veränderte Werk *Orbis sensualium pictus* (Gemalter Welt-
kreis der sinnlich wahrnehmbaren Dinge, 1658). Dieses Lehrbuch sollte alles Wissenswerte enthalten, auch das neueste Wissen der Zeit über modernste Technik. Systematisch wurden den
Worten und Erklärungen Bilder gegenübergestellt.

Comenius gibt die Heimkehr der Brüder nach Böhmen trotz
allem nicht auf. Er verfasst Prophezeiungen begnadeter Seher
seiner Zeit, woraus ihm viel Feindschaft erwächst, die schließlich in der Brandschatzung der Brüderunität zu Lissa eskaliert.
Comenius flieht nach Amsterdam, wo er 1657 seine sämtlichen
didaktischen Werke, *Opera Didactica Omnia*, veröffentlicht. Das
Kernstück dieser Veröffentlichung stellt die *Didacta Magna*
(Große Unterrichtslehre) dar. Diese beinhaltet eine umfassende
Unterrichts- und Erziehungsanweisung bzw. Prinzipien der
methodischen Arbeit:

»(…) Indem wir dem von der Natur vorgezeichneten Wege
folgen, finden wir, dass die Jugend leicht zu erziehen ist, wenn
1. frühzeitig, bevor der Verstand verdorben ist, damit begonnen
wird, 2. die nötige Vorbereitung des Geistes vorangeht, 3. der
Unterricht vom Allgemeinen zum Besonderen und 4. vom
Leichten zum Schweren voranschreitet; 5. wenn niemand durch
die Menge des zu Lernenden überladen wird, und man 6. stets
langsam vorangeht; 7. wenn man dem Geiste nichts aufzwingt,
wonach er nicht aus freien Stücken – der Altersstufe und dem
Ausbildungsgang entsprechend – verlangt; 8. wenn alles durch
sinnliche Anschauung und 9. zu gegenwärtigem Nutzen gelehrt
wird; 10. wenn man immer bei derselben Methode bleibt.«

1667 folgen die Werke *Angelus pacis* (Der Engel des Friedens)
und *Unsum necessarium* (Das einzig Notwendige). Am 15. November 1670 stirbt Comenius in Amsterdam.

Die Didaktik des Comenius wurde in der zweiten Hälfte
des 19. Jahrhunderts von den politisch engagierten Kreisen der
Volksschullehrerschaft wiederentdeckt. In seinen pädagogisch-
didaktischen Schriften fanden sie ihre bildungspolitischen Ziele
vorformuliert. Denn die persönlichen und berufspolitischen Be-
lange dieser Lehrergruppe wurden erst um 1870 wahrgenommen, als die Schulpflicht im Deutschen Kaiserreich ausnahmslos

realisiert worden war. Nun setzte die Professionalisierung der Lehrerbildung ein. Neben Pestalozzi avancierte Comenius zum Gewährsmann für pädagogische Professionalität. Dazu trugen seine Vorstellung der Bildung für alle, seine Ausführungen zum kindgemäßen Unterricht, die Lehrbuchentwicklung und auch die Ablehnung der Prügelstrafe bei. Seine Bedeutung belegt nicht zuletzt die Tatsache, dass es allein bis zur Jahrhundertwende insgesamt 13 Auflagen der deutschen Übersetzung seiner *Didactica magna* gab.

Literatur:

Comenius, J. A.: Große Didaktik (1657). Hrsg. v. A. Flitner, 7. Auflage, Stuttgart 1992

Blekastad, M.: Comenius. Versuch eines Umrisses von Leben, Werk und Schicksal des Jan Amos Komenský. Oslo und Prag 1969

Michel, G.: Comenius-Biographie. Sankt Augustin 2000

Ders.: Schulbuch und Curriculum. Comenius im 18. Jahrhundert. Ratingen/Kastelaun 1973

Patocka, J.: Comenius und die offene Seele. In: K. Schaller u. a.: Jan Amos Komenský – Wirkung eines Werkes nach drei Jahrhunderten. Heidelberg 1970

Schaller, K.: Die Pädagogik des J. A. Comenius und die Anfänge des pädagogischen Realismus im 17. Jahrhundert. Heidelberg 1967

AUGUST HERMANN FRANCKE

(1663–1727)

Der Lebensweg des Theologen und Pädagogen begann im angesehenen und frommen Elternhaus der reformierten Hansestadt Lübeck. Sein Vater, Johann Francke, war Rechtsanwalt und Syndikus, die Mutter, Anna Gloxin, die Tochter des Bürgermeisters. Im Alter von 15 Jahren begann August Hermann Francke Theologie zu studieren. Das Studium führte ihn an die Universitäten in Erfurt, Kiel, Hamburg und Leipzig. Der Abschluss seines Studiums in Leipzig mündete in eine dortige Lehrtätigkeit. In seinen Vorlesungen zum Alten und Neuen Testament folgte Francke dem pietistischen (Pietismus, lat. pietas: Frömmigkeit), lebensnahen Frömmigkeitsideal, das sich von der orthodox-lutherischen Lehre absetzte. Francke entfachte damit nicht nur angeregte Dispute, sondern zog sich auch eine Gegnerschaft unter Gelehrten in Bürgertum und Adel zu. So musste Francke Leipzig 1689 verlassen und wurde Diakon in Erfurt, bis die Pietisten wegen ihrer gelebten Barmherzigkeitsideale, die sich aktiv gegen herrschende Missstände wandten, auch dort verfolgt wurden.

Die im 17. Jahrhundert beginnende Reformbewegung des Pietismus innerhalb der protestantischen Kirche war nach der Reformation die bedeutendste Erneuerungsbewegung des Protestantismus und strebte ein an der Bibel orientiertes praktisches Christentum an. Unter der Geistlichkeit fürchtete man die pädagogisierte Auslegung von Glaubensfragen; das von den Reformern begünstigte eigenständige Denken, so die Angst, könne eine geistige Emanzipation auslösen und in die Lage versetzen, an Autoritäten gebundene Denkweisen und Vorgaben zu hinterfragen. Die Vorstellung, Zöglinge könnten sich ihres eigenen Verstandes bedienen, löste folglich heftige Reaktionen aus.

1692 wurde Francke Gemeindepastor an der Georgenkirche in Glaucha, einem Ort bei Halle. Der alltägliche Anblick verarmter und verwaister Kinder, einer bitteren Folge des Dreißigjährigen Krieges, die sich ohne jede schulische und christliche Erziehung mehr oder weniger selbst überlassen blieben, bewegten den Theologen zur Einrichtung einer Armenschule. Diese realisierte er 1695 mit seinen Studenten der neu gegründeten Universität zu Halle, wo er inzwischen als ordentlicher Professor Griechisch und orientalische Sprachen lehrte; später wechselte er zur theologischen Fakultät. Schon nach vier Jahren unterrichteten in den stattlichen Gebäuden der Francke'schen Stiftung 72 Lehrkräfte insgesamt 1000 Schüler und Schülerinnen aus vorwiegend vermögenden Familien – darunter jedoch auch 100 vom Schulgeld befreite Waisenkinder. Dass Jungen und Mädchen – natürlich getrennt voneinander – unterrichtet wurden, war ein Novum. Unterstützung erhielt die Stiftung vom preußischen Königshaus, das unter anderem Steuerbefreiung gewährte. So besaß die Stiftung einen öffentlich-rechtlichen und geschützten Status. Spenden erhielt die Einrichtung seitens bürgerlicher Kreise und des Adels. Die Wohlfahrtseinrichtung umfasste das Paedagogium Regium für Jungen und das Gynaeceum für höhere Töchter, dessen Absolventinnen die ersten Studentinnen Deutschlands wurden. Neben den Schulen betreute die Stiftung Internate für Waisen sowie Wirtschaftsbetriebe, beispielsweise einen Verlag mit Druckerei und Buchhandel, eine Bäckerei und eine weithin berühmte Apotheke. 1716 lag die Zahl der Schülerinnen und Schüler schon bei 2000, die der Lehrkräfte bei 150. So richtete man schließlich auch eine Lehrerbildungsanstalt ein, denn die Stiftung war zu einem pädagogischen Großunternehmen avanciert. In zahlreichen Schriften legte Francke den Nutzen seines Schaffens dar und warb darin für sein wohltätiges Projekt. Damit betrieb er regelrecht Öffentlichkeitsarbeit und intensive Spendenakquise. Als Zusammenfassung gilt der programmatische *Große Aufsatz*, der 1704 publiziert wird. Francke verdeutlicht darin nochmals die Notwendigkeit einer Verbesserung der gesamten Gesellschaft (Regier-, Lehr- und Hausstand) und beschreibt detailliert deren Realisierung. Große Aufmerksamkeit schenkt Francke der moralischen Erziehung und Bildung der Kinder, die wegen der Armut ihrer Eltern weder zum Schulbesuch angehalten werden, noch anderweitig eine Erziehung genießen.

Neben dem Schulunterricht für Mädchen führte Francke weitere bahnbrechende Neuheiten im Schulbetrieb ein: den Schulgarten sowie den Realien- und Werkunterricht. Er hielt Bildungsmöglichkeiten für Kinder aller gesellschaftlichen Schichten offen, auch hinsichtlich des Besuchs der höheren Schulen. Dennoch boten seine Erziehungsmethoden mitunter Anlass zur Kritik. Zum Beispiel stand Francke dem kindlichen Spiel verständnislos gegenüber; die Zerstreuung erschien ihm sündhaft. Der durchgeplante Alltag seiner Zöglinge ließ keinen natürlichen Freiheits- und Bewegungsdrang zu, was der gängigen Einstellung seiner Zeitgenossen widersprach. Stattdessen kam hier das im Pietismus enthaltene pädagogische Motiv der Gottseligkeit, Gelehrsamkeit und der guten Sitten zum Ausdruck. Die Selbsterkenntnis des Menschen sollte zu einer Einfügung in die Ordnung Gottes führen. Diese Zielsetzung wurde zunehmend zu einem gesellschaftlichen Anspruch und zeigte sich in der Betonung des Nutzens für den Nächsten.

Gegenüber gleichaltrigen Anstalten wie dem 1572 gegründeten Waisenhaus zu Augsburg – bis heute eine komplexe Wohlfahrtseinrichtung – zeichnete sich die Francke'sche Stiftung von Beginn an durch die Verbindung von Schul- und Erziehungsanstalt und wirtschaftlichem Unternehmen aus. Mit dem Ziel, die Lebens- und Bildungssituation heranwachsender Generationen zu verbessern, griff Francke weit über die regionalen Nöte in Glauchau und Halle hinaus. Nach Franckes Tod, er starb 1727 in Halle, übernahmen seine Mitarbeiter, sein Schwiegersohn Johann A. Freylinghausen (1670–1739) und sein Sohn Gotthilf August Francke (1696–1769), die Leitung der Anstalten.

Literatur:

Francke, A. H.: Historische Nachricht. Halle 1697

Deppermann, K.: Die Pädagogik A. H. Franckes und ihre Bedeutung für die Gegenwart. In: Ders.: Protestantische Profile von Luther bis Francke. Göttingen 1992, S. 91–107

Kramer, G.: August Hermann Francke. Ein Lebensbild. Hildesheim 2004

AUFKLÄRUNG – DAS 18. JAHRHUNDERT ALS »PÄDAGOGISCHES JAHRHUNDERT«

Aufklärung als geistesgeschichtliche Epoche bezeichnet die Zeit von etwa 1680 bis 1780, also von John Locke bis Immanuel Kant. Aufgrund der Begeisterung für die Vernunft und der Thematisierung des Menschen und seiner Erziehung als zentraler Aspekt wird diese Epoche auch als das pädagogische Jahrhundert bezeichnet. Anknüpfend an Merkmale des Barocks kann die

Aufklärung dennoch als Gegenbewegung zum 17. Jahrhundert verstanden werden. Neben dem schon im Barock auftretenden Rationalismus (Wahrheit durch Klarheit) werden zusätzlich die emanzipatorischen Grundaxiome Freiheit und Fortschritt aufgenommen. Aufklärung bedeutet demnach auch »Ausgang des Menschen aus seiner selbstverschuldeten Unmündigkeit« (Kant).

Innerhalb der Gesellschaft erfolgte zunehmend eine Abgrenzung von der Kirche, und der rein weltliche Charakter des Staates wurde weiter herausgearbeitet. Der zentralistische Machtstaat in der Epoche des Barocks wurde umgewandelt in einen Wohlfahrts- und Rechtsstaat, in dem Wirtschaftsförderung, Schulbildung und Hygienevorschriften durchgesetzt wurden. Auch die Stellung des einzelnen Bürgers gegenüber dem Staat wurde gestärkt.

Die Gestaltung des Lebens und der Erziehung wurde nun von der Vernunft her abgeleitet und begründet. Unterschiede des Standes, der Rasse und der Religion wurden nicht mehr als Kriterien für die Erziehung anerkannt. Das Anliegen der Aufklärung war die Unterweisung zu vernünftigem, glücklichem Leben und zur Bildung der Verstandeskräfte und ihrem Gebrauch. Traditionelle religiöse und metaphysische Weltbilder und Einordnungen des Menschen im Kosmos wurden nun kritisch hinterfragt. Keine unreflektierte Tradition sollte das Handeln des Einzelnen bestimmen, sondern mit der Vernunft begründete Einsichten sollten die Grundlage für das gesellschaftliche Leben bilden.

Innerhalb des Schulwesens fand deshalb auch eine Umorientierung hin zur Betonung von Diesseitigkeit und Nützlichkeit statt. So kam es zu einer Akzentuierung der Realien, also den Sachkenntnissen in Mathematik, Naturwissenschaften, Geschichte, Erd- und Heimatkunde, Handarbeit und neueren Sprachen. Im Prozess der Modernisierung Deutschlands, das die Auswirkungen des dreißigjährigen Krieges noch nicht gänzlich überwunden hatte, sollten nun die erwerbstätigen bürgerlichen Bevölkerungsgruppen zweckmäßig unterrichtet und gebildet werden, auch um die wirtschaftliche Sicherheit der Gesellschaft dauerhaft sicherzustellen. Hierzu war eine reformierte Pädagogik und Schulpolitik, welche auch die Elementarbildung für die Landbevölkerung umfasste, unerlässlich geworden. Praxisorientierte Realschulen mit Unterricht in Garten- und Plantagenbau, Praktika in Handwerksbetrieben und Manufakturen wurden beispielsweise durch die Semlersche Realschule in Halle und die berühmte, von Johann Julius Hecker (1707–1768) in Berlin gegründete Realschule repräsentiert. Sie waren Vorbild für weitere Gründungen dieses Schultyps, der unmittelbar auf bürgerliche Berufe vorbereitete und den wirtschaftlichen Aufschwung unterstützen sollte.

Die pädagogische Reformbewegung der Philanthropen (»Menschenfreunde«) im ausgehenden 18. Jahrhundert geht auf die Grundideen der Aufklärung zurück. Sie besaß ihre historische Identität im Glauben an die Vervollkommnung und Versittlichung des Menschen durch die Allmacht der Erziehung. Sie gewann ihre politisch-soziale und geschichtsphilosophische Triebkraft aus der Zuversicht, mit der Bildung des Menschen eine Reform der Gesellschaft im Ganzen bewirken zu können. Den Schlüssel dazu sah man in allgemeiner Erziehung und Bildung. Beides bedurfte deshalb besonderer Anstrengungen und Vorkehrungen; es musste durchdacht, gestaltet und geplant werden. So entstand eine neue Fachliteratur: pädagogische Lehrbücher und Unterrichtshilfen, Ratgeber für Eltern, erste Kinder- und Jugendschriften und schließlich auch eine erste öffentliche Erörterung der Pädagogik als Wissenschaft. Hatte man zuvor von »Kinderzucht«, »Unterweisung«, »Erziehkunst« gesprochen, begann sich nun der Begriff »Pädagogik« durchzusetzen. Durch eine »neue Erziehung«, praktiziert und vorgeführt in den neu eingerichteten Institutionen, den »Philanthropinen«, sollte der Weg zu einer Humanisierung des gesamten Lebens aufgezeigt werden. Diese Erziehung war nuancenreich und bezog viele Bereiche ein. Als Ziele und Leitvorstellungen bzw. als neue Unterrichtsinhalte wurden die freie Entfaltung der kindlichen Wachstums- und Lernbedürfnisse, die Schaffung einer dafür geeigneten Umwelt, eine praktische Weltorientierung, die Einbeziehung von Leibeserziehung und praktischer Arbeit, die Betonung von Muttersprache, Anschauung und Selbsttätigkeit als Unterrichtsprinzipien, die Notwendigkeit von Sexualunterricht und Moralerziehung sowie eine kosmopolitische Ausrichtung und Toleranz genannt. Unter den zahlreichen philanthropischen Gelehrten und Erziehern des 18. Jahrhunderts ist Johann Bernhard Basedow als reformerischer Schulgründer zu nennen. Auf seine Initiative geht das »Philanthropinum« in Dessau zurück. Joachim Heinrich Campe verfasste die erste umfassende Enzyklopädie der Pädagogik in deutscher Sprache. Im Jahre 1779 wird Ernst Christian Trapp auf den ersten Lehrstuhl in Deutschland für Pädagogik und Philosophie an die Universität Halle berufen. Und als Begründer der Landeserziehungseinrichtung wandte sich Christian Gotthilf Salzmann in bis dahin unbekannter Weise der Familien- und Elternbildung zu. Diese Pädagogen des sogenannten pädagogischen Jahrhunderts sind wesentliche Protagonisten der (Pädagogik-)Geschichtsschreibung des 18. Jahrhunderts.

Allerdings ist diese deutsche pädagogische Reformbewegung in ihrer Konzeption nicht zu denken ohne Rousseaus 1762 erschienenen Erziehungsroman *Émile ou de l'éducation*. Rousseau hatte mit seiner Schrift die Wende zu einer »Pädagogik vom Kinde aus« markiert, die sich im pädagogischen Denken von Johann Bernhard Basedow, Joachim Heinrich Campe und vieler anderer zeigt. Das Leben zu lehren, so Rousseaus Devise, muss den Eltern einer sozialen Schicht, dem so bezeichneten gesitteten Bürgertum, notwendig und sinnvoll erscheinen, da sie sich anschicken, sich als den eigentlichen Kern der *Nation* zu begreifen und politischen, ökonomischen und sozialen Fortschritt von der eigenen Reformbereitschaft und -fähigkeit abhängig machen. Auf diese Weise werden geistes- und sozialgeschichtliche Strömungen belebt, die neue Impulse setzen: Die Maximen einer bürgerlichen Erziehung entsprechen den Grundzügen der bürgerlichen Lebensauffassung, die sich zu etablieren beginnt und in eine Gesellschaftsgestaltung mündet, die ihrerseits die Erziehung des Menschen zum Bürger als entscheidende Triebkraft im Umformungsprozess des Ancien Régime auffasst.

Ebenfalls unerlässlich für das Erfassen der Anfänge der Epoche der Aufklärung ist eine Auseinandersetzung mit John Locke. Dieser wird als Begründer des modernen philosophischen Empirismus, als »Vater der Erziehungswissenschaft« und als Begründer der Aufklärung gewürdigt.

Literatur:

Benner, D; Kemper, H.: Theorie und Geschichte der Reformpädagogik. Teil 1: Die pädagogische Bewegung von der Aufklärung zum Neuhumanismus. 2. Auflage, Weinheim und Basel 2003

Oelkers, J.: Allgemeine Pädagogik. In: Zeitschrift für Pädagogik, 36. Beiheft. Weinheim und Basel 1997

Osterwalder, F.: Die Geburt der deutschsprachigen Pädagogik aus dem Geist des evangelischen Dogmas. In: Vierteljahresschrift für wissenschaftliche Pädagogik, Heft 68. 1992

Herrlitz, H.-G.; Hopf, W.; Titze, H.: Deutsche Schulgeschichte von 1800 bis zur Gegenwart. Eine Einführung. Königstein/Ts. 2005

JOHN LOCKE

(1632–1704)

John Locke wurde bekannt durch seine Lehre von der Teilung der Gewalten im Staat (Legislative, Exekutive und Judikative) sowie dem Prinzip der Trennung von Staat und Kirche. Seither gilt Locke als Vater des europäischen Liberalismus. Erkenntnistheoretisch bedeutsam ist seine Lehre, die betont, dass alles Wissen aus der Erfahrung stammt. Ihm kommt vor allem das Verdienst zu, das moderne Verständnis von Erziehung begründet zu haben.

John Locke wurde 1632 in Wrington (England) geboren. Als puritanisch geprägter Anwaltssohn nahm er nach dem Besuch der Westminster School 1652 sein Studium in Oxford auf, das die scholastische Philosophie, die Naturwissenschaften und die Medizin umfasste. Nach verschiedenen akademischen und diplomatischen Tätigkeiten schloss er sich 1667 Lord Anthony Ashley Cooper, dem späteren ersten Grafen von Shaftesbury, an. Auf einer dreijährigen Reise durch Frankreich bekam Locke Kontakt zu namhaften europäischen Gelehrten. Aufgrund der liberalen Einstellung Shaftesburys geriet Locke in politische Auseinandersetzungen, die ihn in den Jahren 1683 bis 1689 ins holländische Exil trieben. Nach dem Sieg der Revolution kehrte er zurück und kam einflussreichen Tätigkeiten als Berater in wichtigen politischen Gremien nach. Ende der 90er Jahre musste er sich aus gesundheitlichen Gründen aus dem öffentlichen Leben zurückziehen. Am 28.10.1704 starb Locke in Oates (England).

Zentral für das Gedankengut Lockes ist sein *Essay Concerning Human Understanding* von 1689 (deutsch 1706: *Über den richtigen Gebrauch des Verstandes*). Gegenüber Descartes bestritt Locke die Lehre von den angeborenen Ideen. Übliche Lehrmeinung war, dass zumindest einige Gedanken – wie logische Verknüpfungen oder moralische Prinzipien – angeboren oder von Gott in die menschliche Seele eingeschrieben seien. Für Locke hingegen ist der Geist »tabula rasa«. Locke folgt dem sensualistischen Grundsatz: Nihil est in intellectu, quod non ante sit in sensu – Es gibt nichts im Verstand, was nicht zuvor in den Sinnen war. Alle Ideen werden durch Erfahrung erworben. Er unterscheidet Ideen, die durch äußere Sinnesempfindungen wie Geschmack, Geruch, Klang, Anblick, Tastsinn entstehen (»sensation«), von Ideen, die durch innere Selbstwahrnehmung und Akte wie Denken, Glauben, Erinnern, Zweifeln, Hoffen usw. erzeugt werden (»reflection«). Das bedeutet, dass alles, was der Mensch weiß und reflektiert, durch Erfahrung perzipiert worden sein muss.

Diese Vorstellung räumt der Umwelt, die den Menschen umgibt, und damit auch der Erziehung einen enorm hohen Stellenwert ein: »(...) und ich darf wohl sagen, dass von zehn Menschen, denen wir begegnen, neun das, was sie sind, gut oder böse, nützlich oder unnütz, durch ihre Erziehung sind. Sie ist es, welche die großen Unterschiede unter den Menschen schafft (...).« Die Umwelt und ihre Kontrolle und Nutzbarmachung wird zum entscheidenden Bereich der Erziehung. Es kann nun nicht mehr davon ausgegangen werden, dass der Mensch schon bei der Geburt durch Vorgaben geprägt ist, die der Erziehung nicht mehr zugänglich sind. Obwohl der Mensch zwar gewisse Anlagen mitbringt, wird er aber vor allem von den Umständen geschaffen, in denen er aufwächst und lebt.

In seiner Hauptschrift *Some thoughts concerning education* von 1693 (deutsch 1714: *Gedanken über Erziehung*) beschreibt Locke vier Ziele von Erziehung. Dabei spricht er sich gegen die Überbetonung des Wissens und für die vorrangige Willensbildung aus. Komplexe Ausführungen widmet er der körperlichen Übung und Abhärtung. Dabei kommt es auf die feste und sichere Führung durch den Erzieher an. Locke spricht sich sowohl gegen eine Zügellosigkeit als auch gegen eine Entmutigung und Verhärtung der Seele aus.

»Wer ein Mittel gefunden hat, wie der Geist eines Kindes munter, tätig und frei zu erhalten und zu gleicher Zeit abzulenken ist von mancherlei Dingen, zu denen er Neigung fühlt und wiederum hinzuführen auf andere, die ihm nicht zusagen, wer, sage ich, diese verschiedenen Widersprüche zu vereinen weiß, der hat meiner Meinung nach das wahre Geheimnis der Erziehung erschlossen.«

Nicht Strafen und Belohnungen beeinflussen das Erziehungsziel maßgeblich, sondern das rechte Vertrauen zwischen Erzieher und Zögling. Als Rangordnung der pädagogisch anzustrebenden Werte nennt Locke zunächst die Tugend und erst danach Weisheit, Bildung und Wissen. Locke betont:

»Tugend (virtue) also, reine Tugend ist der schwierige und wertvolle Teil, der in der Erziehung erstrebt werden muß, und nicht rührige Keckheit oder irgendwelche kleinen Künste der Weltklugheit. Alle anderen Rücksichten, alle andere Ausbildung sollte ihr Platz machen und hintangesetzt werden. Sie ist das dauerhafte und wesentliche Gute, über das Erzieher nicht nur Vorträge halten und reden sollten; vielmehr sollte die Erziehung durch ihr Wirken und ihre Kunst das Gemüt damit ausstatten, sie sollte ihn festigen und nicht ruhen, bis der junge Mann eine echte Neigung zu ihr empfindet und seine Stärke, seine Ehre und sein Vergnügen darauf richtet«.

Wichtig ist, dass das Lernen kindgemäß geschehen und die Individualität des einzelnen Kindes berücksichtigen soll. Der Unterricht nicht als quälende Aufgabe, sondern als Spiel und Erholung, ein selbsttätiges und gleichsam von selbst sich vollziehendes Lernen. Genau wie die Methode muss daher auch der Stoff »naturgemäß«, also verständlich und kindgemäß sein. So spricht sich Locke leidenschaftlich gegen die Verwendung der Bibel aus und plädiert stattdessen für den Einsatz von Fabeln und Volksbüchern als erstem Lesestoff. Auch alle anderen Inhalte sind nach dem Gesichtspunkt der Lebenspraxis auszuwählen. Somit kritisiert Locke die herkömmliche Gelehrtenbildung und spricht sich für eine lebendige, weltoffene und realistische Bildung aus, zu der auch Tanzen, Reiten, Reisen und Handwerken zählen.

Mit seiner Erziehungslehre hat sich Locke großes Gehör verschafft. Bereits ein Jahr nach seinem Tod erscheint die fünfte Auflage, die von Locke noch selbst ergänzt und verändert wurde.

Insgesamt hat Locke erhebliche Bedeutung für das ganze 18. Jahrhundert erlangt und mit seinen »Gedanken über Erziehung« Rousseau nachhaltig beeinflusst. Mit seiner Erkenntnistheorie gilt er als Urvater des Behaviorismus. Sein Ansatz hat das pädagogische Interesse an der Psychologie bzw. an ihrer Bedeutung für die Erziehung geweckt. Lockes pädagogische Ethik bleibt über seine Epoche hinaus für den Menschen von Bedeutung:

»(...) sein Erzieher sollte immer daran denken, dass es nicht so sehr seine Aufgabe ist, ihn alles zu lehren, was Menschen überhaupt wissen können, sondern Liebe und Achtung gegenüber der Wissenschaft in ihm zu erwecken und ihn auf den rechten Weg zu bringen, auf dem er zum Wissen kommen und sich selber vervollkommnen kann, wenn er das will.«

Literatur:

Locke, J.: Gedanken über Erziehung. Übers., Anm. u. Nachw. von H. Wohlers (Nachdr.). Stuttgart 2002

Bouillon, H.: John Locke (Denker der Freiheit; Bd. I). Sankt Augustin 1997

Specht, R.: John Locke. 2. Auflage, München 2007

JEAN JACQUES ROUSSEAU

(1712–1778)

Das Gespräch über Erziehungsfragen hat kaum ein Autor so angeregt wie der Genfer Schriftsteller und Kulturkritiker Jean Jacques Rousseau mit seinem Erziehungsroman *Émile ou de l'éducation* (1762). Mit dieser Veröffentlichung tritt ein neuartiges pädagogisches Denken ins allgemeine Bewusstsein der Leserschaft, ein Erziehungsgedanke, der sich auf die Natur des Menschen, seine individuelle Erlebnisfähigkeit, seine Erfahrungen und Gefühle bezieht und nicht auf die Stände und ihre Traditionen. Zudem thematisiert Rousseau Kindheit und Jugend erstmals als Stadien des menschlichen Lebensweges mit eigenen Erlebens- und Existenzweisen. Ein neuer Typus pädagogischen Verstehens, das die Lebenssituation des Kindes, seine altersgemäßen Bedürfnisse und gesellschaftlichen Rahmenbedingungen umfasst. Von dieser damals revolutionären erziehungsphilosophischen Sichtweise lassen sich Pädagoginnen und Pädagogen noch heute anregen.

Jean Jacques Rousseau, hineingeboren in ein protestantisches Genfer Elternhaus, verbrachte die ersten zehn Lebensjahre allein mit seinem Vater, da die Mutter bei der Geburt des Sohnes gestorben war. Allerdings wechselte der Vater – offenkundig aus politisch-freigeistigen Gründen – mehrfach die Landesgrenzen, weshalb er den Sohn zunächst bei Verwandten, später in einem Pfarrhaushalt in Pflege gab. Schließlich kam der junge Rousseau zu einem Kupferstecher in die Lehre. Als er sich eines Abends vor verschlossenen Stadttoren fand, verließ er Genf kurzerhand. Der 16-Jährige gelangte nach Annecy zur vermögenden Frau von Warens, einer Schweizer Konvertitin, wo er zwölf Jahre ohne Arbeit und Verantwortung verbringen konnte. So erlebte er ein Moratorium, das die moderne Entwicklungspsychologie als das Jugendalter bezeichnet. Diese Lebensphase, die mit den Optionen des Sicherprobens an persönlich zu erfüllenden Aufgaben des Erwachsenwerdens verbunden ist, war damals noch völlig unbekannt. Üblicherweise traten Heranwachsende übergangslos in die Erwachsenenwelt ein, indem sich ihr gesamtes Alltagsleben an Arbeit bzw. Dienstleistung auszurichten hatte.

Rousseaus Verhältnis zu der zwölf Jahre älteren Frau, die ihm Mutter und Geliebte zugleich war, hatte große Bedeutung für seine emotionale und intellektuelle Entwicklung.

Frau von Warens bewegt Rousseau, zum Katholizismus zu konvertieren und empfiehlt ihn zur Vorbereitung nach Turin, wo er sich bekehren lässt, was er später allerdings widerruft. Schließlich verdingt sich Rousseau in adligen Familien als Hauslehrer, bevor er 1741 nach Paris geht. Er findet Zugang zu gelehrten Kreisen und reist als Sekretär des französischen Gesandten nach Venedig. Nach Paris zurückgekehrt, lernt er seine langjährige Weggefährtin, die 23-jährige Wäscherin Thérèse Le Vasseur, kennen, die ihm insgesamt fünf Kinder schenkt. Rousseau überredet die möglicherweise widerstrebende Thérèse jedoch, alle Kinder schon im Säuglingsalter ins Findelhaus zu geben.

Im Alter von 37 Jahren nimmt Rousseau an einer Ausschreibung der Akademie von Dijon teil: *Bringt die Zivilisation dem Menschen Fortschritt?* Die Fragestellung führt Rousseau zu dem Grundgedanken seines gesamten weiteren Werkes: Die Zivilisation, die wir für unsere schönste Leistung halten, ist unsere Verderberin. Für die fundierte Begründung seiner kühnen These, die der Stimmung und dem Selbstbewusstsein der aufgeklärten, fortschrittlich denkenden bürgerlichen Gesellschaft widersprach, erkennt ihm die Akademie den ersten Preis zu. Über Nacht ist Rousseau in aller Munde, was dem Publikum offenbar imponiert. Der Autor selbst versucht von nun an in Übereinstimmung mit seiner Idee zu leben und legt allen Luxus ab, womit er Hohn und Bewunderung zugleich erntet. Auf seinen theoretischen Geniestreich hin folgen zudem Neid und Besserwisserei zeitgenössischer Gelehrter. Rousseau aber beantwortet eine weitere akademisch ausgelobte Preisfrage, und zwar mit einer Veröffentlichung zur Entstehung der Ungleichheit zwischen den Menschen. In seiner Zurückgezogenheit verarbeitet er das Thema Liebe und Freundschaft literarisch in der *Nouvelle Héloïse*, in welcher er sich selbst in die Figur des St. Preux, dem Liebhaber Julies und Freund Claires, hineinzeichnet. Die Erzählung wird ein großer Erfolg. 1762 verfasst er sowohl den eingangs erwähnten Roman *Émile* als auch den *Contrat Social* (Gesellschaftsvertrag). Beide Schriften werden von den Regierenden als Angriff auf die bestehenden gesellschaftlichen Verhältnisse verschmäht. Rousseau geht ins Exil, in die damals preußische Exklave Neuchatel/Schweiz. Mit den *Lettres écrites de la Montagne* antwortet Rousseau seinen Widersachern und flüchtet erneut, diesmal auf die Insel St. Pierre im Bieler See. 1766 folgt er einer Einladung des Philosophen David Hume nach England. Ein Jahr später kehrt er nach Frankreich zurück, heiratet Thérèse und schreibt an den *Confessions*. In seinen letzten Lebensjahren widmet er sich der Botanik und verfasst Naturbetrachtungen. 1778 stirbt Rousseau auf Schloss Ermenoville (bei Paris), wo er mit seiner Gemahlin dauerhaft zu Gast gewesen ist. Die Grabstätte Rousseaus befindet sich im Pariser Pantheon.

Rousseaus Werk widmet sich der Bedeutung und möglichen Wahrung von Unabhängigkeit und Aufrichtigkeit. In seinem Erziehungsroman *Émile* ist der gleichnamige Zögling am Ende in der Lage, in der Zivilisation zu bestehen, das heißt, in ihr zu leben, ohne Schaden zu nehmen. Er ist befähigt, seine *amour de soi* und *amour propre* – Selbstliebe und Selbstachtung – zu bewahren. Wie der *Contrat Social* dient also auch der Roman *Emile* der Selbst*erkenntnis* und nicht der Selbst*verwirklichung*. Rousseau entfaltet sieben Prinzipien des Erziehungsprozesses: Eigenwert der Kindheit, anthropologische Erziehungslehre, Entmoralisierung der Pädagogik, Erfahrungslernen, altersgemäße Erziehung und Bestätigung der Empfindung durch die Vernunft mit dem Gebot der Toleranz.

Rousseaus Werk besteht aus einer Fülle von Erläuterungsschriften wie den *Confessions*. Diese Bekenntnisschrift ist nach jenen des Heiligen Augustinus verfasst und als Selbstprüfung angelegt. Die *Confessions* zeichnen sich durch Rousseaus Lebensmotive – Wahrhaftigkeit und Leidenschaft – aus. Im Laufe der Zeit bekannten sich viele große Gelehrte bewundernd zu Rousseau, unter anderen Kant, Humboldt, Lessing, Pestalozzi und Hölderlin. Auch in der Pädagogik der Gegenwart finden sich Rousseaus Ideen wieder, so z. B. in der Reformpädagogik zu Beginn des 20. Jahrhunderts und der heutigen Erlebnispädagogik.

Literatur:

Rousseau, J.-J.: Les Confessions/dt.: Bekenntnisse. Aus dem Französischen von Ernst Hardt, mehrfach überarbeitete Auflage, Frankfurt/M. 1985
Ahrbeck, R.: Rousseau. Leipzig 1978

Henting v., H.: Rousseau oder die wohlgeordnete Freiheit. München 2003
Rang, M.: Rousseaus Lehre vom Menschen. Göttingen 1965

Johann Bernhard Basedow
(1724–1790)

Johann Bernhard Basedow gilt als Hauptvertreter der Pädagogik der deutschen Aufklärung. Als Schulgründer, Theologe und Publizist beeinflusste er tiefgreifend die Schulpädagogik und Didaktik der nachfolgenden Zeit.

Als Sohn eines Coiffeurs wurde Basedow am 5. (oder 9.) September 1724 in Hamburg geboren. In ärmlichen Verhältnissen aufgewachsen, studierte Johann Bernhard Basedow evangelische Theologie in Leipzig, wodurch er aufklärungsphilosophisch geprägt wurde. Nach einigen Jahren als Hauslehrer erhielt Basedow eine Anstellung als Professor für Moral und Rhetorik an der Militärakademie Sorore (Insel Seeland/Dänemark). Doch aufgrund seiner aufgeklärt-freigeistigen Anschauungen wurde er schon bald ins damals dänische Altona, an das Gymnasium Christianeum versetzt. Allerdings wurden seine Schriften auch hier wegen ihres Engagements für Freiheit, Toleranz und unkirchliche Erziehung verboten. 1771 berief Fürst Leopold Friedrich Franz zu Anhalt-Dessau den pädagogisch ambitionierten Basedow nach Dessau, wo dieser schließlich seine schulreformerischen Ideen verwirklichte. Basedow gründete das *Philanthropinum* (eine Schule der Menschenfreundschaft), in der folgende Ziele verfolgt wurden: Internatserziehung bürgerlicher und adeliger Kinder, Unterrichtung armer Kinder, um deren Lebensgrundlage zu verbessern, sowie die Ausbildung künftiger Lehrer. Die Schülerzahl wuchs rasch, und aus Basedows freigeistigem Umfeld konnten reformerische Pädagogen für die Lehrtätigkeit gewonnen werden. Die von Basedow und Joachim Heinrich Campe (1746–1818) herausgegebene Zeitschrift *Pädagogische Unterhaltung* informierte die interessierte Öffentlichkeit über Absichten und Fortschritte der pädagogischen Arbeit.

Basedow, der in seinen Bemühungen große Unterstützung durch Immanuel Kant (1724–1804) erfuhr, unterstrich das spielerische Moment im Elementarunterricht, das Lernen durch Anschauung und Selbsttätigkeit, die Bedeutung der lebenden Fremdsprachen und die Pflege der Literatur. Die räumliche Nähe der Lehrer und ihrer Familien zu den Schülern des Philanthropinums sollte die Charakterbildung fördern. Neben theoretischem und praktischem Unterricht erhielten die Schüler Leibeserziehung, eine Vorform des späteren Sportunterrichts. Aber auch Ausflüge und Feste waren Bestandteile des Schuljahres. Freude am Lernen, Steigerung des Leistungsvermögens sollte durch Lob und Förderung jedes einzelnen Schülers erreicht werden. In diesem Programm zeigt sich die große Nähe zu Rousseau, dessen Erziehungsroman *Émile* Basedow vielfach in seinen Ausführungen *Von der Erziehung in gesitteten Ständen* im *Methodenbuch* (beide 1770) zitiert. Basedows Bekanntheitsgrad beruht allerdings auf seiner didaktischen Veröffentlichung *Elementarwerk* (1774). Darin versammelt er Grundfragen der Erziehung, Unterrichtsanleitungen für die unterschiedlichen Lehrgebiete gemäß dem jeweiligen Entwicklungsstand und den Altersstufen der Schüler bis hin zu den erzieherischen Aufgaben der Eltern. In der Verbindung von Text und Bild, Sachinformation und ihrer Erörterung legte Basedow den Grundstein für den modernen Schulbuchtyp des Realienbuches, das sich an Schüler, Lehrer und Eltern gleichermaßen wandte. Mit seinem Wirken schuf Basedow wesentliche Voraussetzungen für die Erziehungs- und Schulreform, die am Philanthropinum zu Dessau vorbildlich realisiert wurde. Von seinen Gegnern wurden diese humanistischen Bestrebungen jedoch als pädagogische Scharlatanerie verunglimpft.

Basedow entsprach offenbar selbst nicht dem von ihm erstrebten Menschenideal. So wird er als kritikunfähig geschildert, was die Zusammenarbeit mit seinen Kollegen Campe und Trapp zunehmend erschwerte und 1777 letztlich zu Campes Weggang führte. 1779 folgte Trapp einem Ruf an die Universität Halle. Das Philanthropinum bestand noch bis 1793.

Johann Bernhard Basedow hat sich als großer Erziehungsschriftsteller verdient gemacht, eine Tätigkeit, die ihn bis zu seinem Lebensende erfüllte. Als Repräsentant des Zeitalters kulturellen Aufbruchs starb er 1790 in Magdeburg.

Literatur:

Basedow, J. B.: Ausgewählte pädagogische Schriften. Besorgt von A. Reble. Paderborn 1965

Specht, J.: Ich, Johann Bernhard Basedow. Dessau 1999

JOACHIM HEINRICH CAMPE

(1746–1818)

Die philanthropische Reformbewegung trat als eng miteinander verbundene Personengruppe ins Bewusstsein der humanistisch-aufgeklärten Öffentlichkeit. Die neuen pädagogischen Anschauungen fanden Eingang in den Erziehungsalltag des gebildeten gehobenen, aber auch des mittleren Bürgertums. Dass die Pädagogik Erziehungsprobleme differenzierter zu durchdenken begann, ist auch dem Wirken Joachim Heinrich Campes zu verdanken. Als Publizist, Übersetzer und Verleger hat er entscheidend zur Verbreitung pädagogischen Schrifttums beigetragen; in diesem Zusammenhang ist er insbesondere als frühbürgerlicher Jugendschriftsteller in die Geschichte der Pädagogik eingegangen.

Johann Heinrich Campe wurde am 29.6.1746 in Deensen bei Holzminden (Weser) als Sohn eines Kaufmanns geboren. Er gehört zur Generation Goethes (1749–1832), Mirabeaus (1749–1791) und Pestalozzis (1746–1827). Nach dem Schulbesuch studierte er ab 1765 in Helmstedt und Halle Evangelische Theologie. Prägend für seine religiöse Einstellung wurde besonders die rationalistisch ausgerichtete aufklärerische Theologie von Wilhelm Abraham Teller (1734–1804). Nach Abschluss des Studiums war Campe zunächst einige Jahre als Hauslehrer und Erzieher der Brüder Wilhelm und Alexander von Humboldt tätig, denen er zeitlebens eng verbunden bleiben sollte. So begleitete Campe seinen Zögling Wilhelm von Humboldt 1789 auch nach

Paris, um die vorrevolutionären Ereignisse in Augenschein zu nehmen.

Als Theologe wirkte Campe zunächst als Feldprediger in Potsdam (1773–1775), dann als Prediger an der Potsdamer Heiliggeistkirche. Am Ende des Jahres 1776 kündigte Campe allerdings diese ihm gerade zugewiesene Stelle, um neben Basedow als Mitleiter des Dessauer Philanthropins zu arbeiten. Damit hatte sich Campe endgültig für die Pädagogik entschieden. Als Hauptgrund für den Wechsel lässt sich Campes optimistische Einschätzung der Wirkung dieser bedeutenden Versuchs- und Musterschule in Deutschland und Europa nennen. Campe unterstützte das Philanthropin mit ganzer Kraft. Zusammen mit Basedow wurden etliche Schriften, so unter anderen die *Pädagogischen Unterhandlungen*, publiziert. Campe trug erfolgreich zur finanziellen Stabilisierung des Schulversuches bei. Allerdings wurde sein Wirken am Philanthropin nur ein elfmonatiges Gastspiel: Fluchtartig verließ er Dessau im September 1777. Auch der Fürst von Anhalt-Dessau, der dem »Flüchtling« persönlich nachreiste, konnte ihn nicht zum Umkehren bewegen. Gründe für diese öffentlich inszenierte Abkehr von Dessau waren zum einen die dauernden destruktiven Auseinandersetzungen mit Basedow und die daraus entstandenen Kränkungen. Des Weiteren hatte sich der anfängliche Optimismus als trügerisch erwiesen, da die Entwicklung der Schule stagnierte. Campe zog nach Hamburg, wo er gute Kontakte zu bedeutenden Kreisen der dortigen Aufklärungsgesellschaft entwickelte, zu der auch Gotthold Ephraim Lessing (1729–1781) zählte. In der Hansestadt wurde Campe ein erfolgreicher und produktiver freier Schriftsteller, der, wie er in einem Brief mitteilte, »beinahe immer für zwei Pressen schrieb«. Schon bald besaß er den Ruf, der »eigentliche Schriftsteller des Philanthropinismus« zu sein, der das Talent des Erziehers mit der »pädagogischen Schriftstellerei« verband.

1778 begann Campe vor dem Hintergrund der Dessauer Erfahrung mit der Erziehung mehrerer Kinder aus angesehenen Hamburger Kaufmannsfamilien. Dazu gründete er am Hammerdeich bei Hamburg ein eigenes Erziehungsinstitut, das er bis 1783 führte, um es dann an Ernst Christian Trapp zu übergeben. In seiner Hamburger Zeit konzipierte Campe einen didaktischen Leitfaden für die Lektüre der von ihm verfassten Kinder- und Jugendbücher. Dieser Lektüreplan sah für Kinder von vier bis sechs Jahren das *ABC-Buch*, das *Sittenbüchlein* und die *Kleine Kinderbibliothek* vor. Ungekrönter Bestseller seines schriftstellerischen Schaffens wurde das Jugendbuch *Robinson der Jüngere, zur angenehmen und nützlichen Unterhaltung für Kinder* (zwei Teile, Hamburg 1779/80), das für Kinder ab sechs Jahren gedacht war. Zu diesem Buch wurde er von Jean Jacques Rousseau (1712–1778) angeregt, der in seinem Roman *Emile oder über die Erziehung* Defoes Werk *Robinson Krusoe* als »die glücklichste Abhandlung über die natürliche Erziehung« gepriesen hatte. In alle Weltsprachen übersetzt, erlebte dieses »Lesebuch für Kinder« über hundert Auflagen und machte Campe auf einen Schlag berühmt. Im Lektüreplan folgten die *Entdeckung Amerikas* und andere *Reisebeschreibungen*. Abschließend war der Ratgeber *Theophron oder der erfahrene Rathgeber für die unerfahrene* [männliche] *Jugend* (1783) sowie als Gegenstück für die weibliche Jugend der 1789 entstandene *Väterliche Rath für meine Tochter* als Lesepensum vorgesehen.

Campe wurde zum klassischen Autor der deutschen Kinder- und Jugendliteratur. Seine Kinder- und Jugendschriften umfassen insgesamt 37 Bände und vermitteln auf ihre Art Campes philanthropisch-pädagogische Überzeugungen. Im Mittelpunkt allen aufklärerischen Bemühens steht dabei die zentrale Maßgabe der Kindgemäßheit.

In der Folgezeit setzte Campe diese Kindesmaxime in zahlreichen Abhandlungen zu relevanten Erziehungsfragen um. Nach der Abgabe seines Hamburger Erziehungsinstituts zog er mit einigen Schülern nach Trittow (heute Trittau, Holstein), wo er ein Landgut erworben hatte. Hier widmete er sich seiner pädagogischen Schriftstellerei, seinem wissenschaftsorganisatorischem Interesse im Bereich der Enzyklopädie und Sammlung. Letzteres verfolgte er nicht nur mit seinen beiden umfangreichen, der deutschen Sprache gewidmeten Werken *Wegbereiter zur Erklärung und Verdeutschung der unserer Sprache aufgedrungenen fremden Ausdrücke* (sechs Teile, 1801–1804) und *Wegbereiter der deutschen Sprache* (fünf Teile, 1807–1812), sondern

vor allem mit seinem umfangreichen enzyklopädischen Hauptwerk, der 16-bändigen *Allgemeine(n) Revision des gesamten Schul-
und Erziehungswesens* (1785–1791). Campe wollte mit dieser
Enzyklopädie, unter anderem einer Sammlung von Schul- und
Lehrbüchern, Kinder- und Volksliteratur, pädagogischen und
methodischen Handbüchern, den Ertrag aus der aufklärerischen
philanthropischen Pädagogik ziehen. Zu diesem Zweck erstellte
er eine umfassende pädagogische Systematik, die er unter spezifischen Kriterien von kompetenten Vertretern, vornehmlich
aus dem Kreis der Philanthropen, bearbeiten ließ. Etliche Bei-
träge des Werkes erarbeitete er auch selbst. Dabei führte er in
seinen Erörterungen einige Übertreibungen und Einseitigkeiten
auf philanthropischer Seite, etwa beim Belohnungssystem oder
bei der Überbetonung des Spiels, auf das rechte Maß zurück.

Nachdem 1785 die ersten Bände des Revisionswerkes, an
denen auch Ernst Christian Trapp (1745–1818) und der philanthropische Reformer der Bürger- und Gelehrtenschule Neu-
ruppin, Johannes Stuve (1752–1793), herausgekommen waren,
wurde Campe in das Fürstentum Braunschweig-Wolfenbüttel
berufen, um dort eine Reform des Schulwesens durchzuführen.
Zusammen mit Stuve und Trapp entwarf er ab 1786 das theoretische Konzept für die bis dahin umfassendste Schulreform im
philanthropischen Geist. Darüber hinaus wurden sie als pädagogische Experten im Braunschweiger Schuldirektorium damit
betraut, das gesamte Schulwesen von der kirchlichen Aufsicht
zu befreien und in die staatliche Aufsicht zu überführen. In diesem Vorhaben lassen sich die Anfänge moderner Schulreform sehen. Allerdings scheiterte das Reformbestreben bereits 1787 am
Widerstand der Kirche und der Landstände. Dennoch blieben
die Bestrebungen nicht ohne Wirkung, da sie unter Lehrern und
Landpfarrern – unabhängig von bestehenden Machtkonstellati-
onen – bestimmte Eigenaktivitäten weckten.

Eine weitere Errungenschaft war die mit finanzieller Unterstützung des Braunschweiger Herzogs gegründete Schulbuchhandlung Campes. In der hauseigenen Druckerei entstanden in
den Jahren zwischen 1789 und 1799 annähernd 500.000 Bücher,
Broschüren und periodische Schriften, die preiswert erworben
werden konnten. An vielen dieser Werke war Campe selbst als
Autor oder Herausgeber beteiligt. Mit der Schulbuchhandlung

hatte sich nun endgültig das Zentrum philanthropischen Wirkens von Dessau nach Braunschweig verlagert. Am 22.10.1818 starb Joachim Heinrich Campe in Braunschweig.

Campe bleibt als Reformer, Enzyklopädist, pädagogischer Schriftsteller und Begründer der deutschen Jugendunterhaltungsliteratur im Gedächtnis. Bereits zu Lebzeiten wurde ihm große Wertschätzung entgegengebracht, und sein Ruhm als Autor des *Robinson* wirkte weit über seinen Tod hinaus. Goethe sagte von ihm 1830: »Campe hat den Kindern unglaubliche Dienste geleistet; er ist ihr Entzücken und sozusagen ihr Evangelium.«

Literatur:

Allgemeine Revision des gesamten Schul- und Erziehungswesens von einer Gesellschaft praktischer Erzieher. Hrsg. v. J. H. Campe, 16 Bde., 1785–1792 (Reprint). Vaduz/Liechtenstein 1979

Schmitt, H.: Der andere Campe. In: Die Deutsche Schule 89 (1997), S. 25–35

Kersting, Ch.: Die Genese der Pädagogik im 18. Jahrhundert. Campes »Allgemeine Revision« im Kontext der neuzeitlichen Wissenschaft. Weinheim 1992

ERNST CHRISTIAN TRAPP

(1745–1818)

Als Angehöriger der philanthropischen Reformbewegung folgt Ernst Christian Trapp in seiner beruflichen Entwicklung nicht dem Weg Theologe – Hauslehrer/Pfarrer – Pädagoge, sondern tritt von Anfang an als wissenschaftlicher Pädagoge auf. Seine Erzieher- und Lehrertätigkeit wollte er nicht zwischen Theologiestudium und Pfarramt verbringen, er verstand Erziehen und Unterrichten vielmehr als Beruf, der nur professionell ausgeübt werden sollte. Und obwohl Trapp in der Nachfolge Lessings die Zeitschrift *Allgemeine Deutsche Bibliothek* in Wolfenbüttel rezensierte und als Kenner der Kant'schen Doktrin unter Literaten ein hoch geschätzter Mitstreiter war, erteilte er selbst weiterhin den Elementarunterricht in einer kleinen Pensionatsschule.

Trapp, am 8. November 1745 als Sohn eines Gutsverwalters in Friedrichsruhe (Holstein) geboren, erfuhr bereits als Schüler des Segeberger (heute Bad Segeberg) Gymnasiums besondere Förderung durch den dortigen Rektor, den pädagogischen Reformer Martin Ehlers. Dieser verschaffte Trapp ein Stipendium zum Studium der Theologie, Philologie und Pädagogik in Göttingen (1765–1768). Nach Abschluss des Studiums wurde Trapp zunächst als Ehlers' Nachfolger nach Segeberg berufen; ab 1776 war er dann Konrektor des Gymnasiums Christianeum in der (dänischen) Stadt Altona. Noch im gleichen Jahr bat ihn Joachim Heinrich Campe (1746–1818) um seine Mitarbeit am Dessauer Philanthropin. 1779 berief der preußische Minister Karl Abraham Freiherr von Zedlitz Trapp als ersten deutschen Professor für Pädagogik an die Universität Halle. Hier wurden unter seiner Leitung zukünftige Lehrer nicht mehr nur allein theologisch, sondern vor allem pädagogisch-theoretisch ausgebildet, wozu auch Schulpraktika gehörten. Das wissenschaftliche Lehrerstudium in dieser Form war ein Novum. Bei seiner Antrittsvorlesung 1779 unterstrich Trapp die Reformüberlegungen und betitelte seine Vorlesung: *Von der Nothwendigkeit, Erziehen und Unterrichten als eine eigene Kunst zu studiren* (Halle, 1779). Das neue Lehrerstudium blieb als Studienzweig jedoch in die theologische Fakultät eingebunden, was zu Widerständen im Kollegium führte. Aufgrund der daraus resultierenden Kompetenzstreitigkeiten verließ Trapp den eigens für ihn eingerichteten Lehrstuhl bereits 1783 und folgte ein weiteres Mal seinem kollegial verbundenen Freund Campe, diesmal an dessen Lehranstalt in Trittow (heute Trittau, Holstein).

1786 schließlich berief Herzog Karl Wilhelm Ferdinand von Braunschweig-Wolfenbüttel Trapp in das Schuldirektorium seines Herzogtums, damit er gemeinsam mit Campe und weiteren Reformern das Schulwesen des Landes modernisiere. Die reformerischen Anstrengungen beschreibt Trapp in *Versuch einer Pädagogik*. Das Anliegen bestand darin, die Pädagogik als Wissenschaft von der Anthropologie bzw. Psychologie und den gesellschaftlichen Bedingungen und Zielen der Erziehung her zu systematisieren. Seine Maxime der Schulverbesserung beruhte auf erfahrenswissenschaftlichen Begründungen und nicht (mehr) auf theologischer Doktrin. Die Erneuerungen stießen –

wie auch im Porträt J. H. Campes geschildert – auf hartnäckige Ablehnung seitens der Kirche und des konservativen Bürgertums, wodurch die herzoglichen Schulreformbemühungen scheiterten. Die am aufklärerischen Volksbildungsprogramm orientierte philanthropische Lehrerausbildung wurde abgelöst von einem am neuhumanistischen Konzept der antiken Kulturen und Sprachen orientierten klassischen Kanon.

Ernst Christian Trapp widmete sich bis zu seinem Tode 1818 in Wolfenbüttel der pädagogischen Schriftstellerei und dem Verfassen von Schulbüchern.

Literatur:

Trapp, E. Chr.: Versuch einer Pädagogik. Unveränderter Nachdruck der 1. Ausgabe Berlin 1780. Paderborn 1977

Lempa, H.: Bildung der Triebe. Der Deutsche Philanthropismus (1768–1788). Turku 1993

CHRISTIAN GOTTHILF SALZMANN

(1744–1811)

Seine pädagogischen Schriften, Volksromane, Erzählungen und Unterhaltungen für Kinder und Erzieher zeichnen sich durch ein außergewöhnliches psychologisches Gespür und erzieherische Geschicklichkeit aus. Christian Gotthilf Salzmann verstand sich als Anwalt des Kindes, weshalb er sich nicht zuletzt der Erziehung der *Erzieher* zuwandte. In der Vorrede zu seinem *Ameisenbüchlein* (1806) befindet er, es herrsche ein Überfluss an Anweisungen zur Kindererziehung, gleichzeitig fehle es jedoch an Anweisungen zur Bildung der Erzieher. Er beklagt, dass Campes Revision des Schul- und Erziehungswesens nicht ausgeführt worden sei und junge Menschen nicht ihrer Bestimmung und Anlage entsprechend gefördert würden. Salzmann propagiert das kindliche Spiel als wichtigste Grundlage, um Anlagen, Neigungen, Einfälle, aber auch Fehler im zweckfreien Handeln erfahren zu können. Anders als Rousseau bedeutet ihm Erziehen nicht nur die Schaffung eines kindgerechten Lebens- und Erfahrungsraumes, vielmehr setzt er auf Selbsterziehung des Erziehers, damit sich dieser kindgerecht verhalte. Salzmann vertritt die These, dass der Erzieher die Untugenden seiner Zöglinge bei sich selbst zu suchen habe.

Christian Gotthilf Salzmann wurde am 1. Juni 1744 als Sohn des Pfarrers Johann Christian Salzmann in Sömmerda an der Unstrut (Thüringen) geboren. Insgesamt betrachtet, verlebte er eine glückliche und harmonische Kindheit, auch wenn er häufig krank war. Vom sechsten Lebensjahr an besuchte er die Schule in Sömmerda und wurde dann Gymnasiast in Langensalza. Zwei Jahre später wurde Salzmanns Vater nach Erfurt versetzt. Hier besuchte Salzmann keine Schule mehr, sondern wurde durch seinen Vater auf das Studium vorbereitet. Von 1761 bis 1764 studierte er evangelische Theologie in Jena und legte 1764 sein Abschlussexamen in Erfurt ab. 1769 bewarb sich Salzmann erfolgreich auf eine kleine Pfarrstelle in Rohrborn, einem Dorf im Raum Erfurt. Hier wurde er mit den materiellen Sorgen, den Krankheiten und Nöten der Bevölkerung konfrontiert, denen er auf tatkräftige Weise zu begegnen versuchte. Allerdings konnte er nur die ersten Schritte hinsichtlich einer Besserung erwirken, da er bereits 1772, zwei Jahre nach seiner Heirat, eine Stelle an der Erfurter Andreaskirche annahm. Auch hier gehörte die Auseinandersetzung mit der Not der Gemeindemitglieder zu seinen pfarramtlichen Pflichten, so dass er täglich Einblicke in unsägliches Leid und Elend erhielt. 1781 wechselte er als Religionslehrer und Philanthrop zunächst nach Dessau, bevor er drei Jahre später auf dem Gut Schnepfenthal (heute zu Waltershausen gehörend) im Thüringer Wald ein Erziehungsinstitut gründete. In kritischer Abgrenzung vom Dessauer Philanthropin machte er »seine Familie zum Lebenszentrum seiner Hausgemeinschaft«. Das Institut startete mit einem gewissen Risiko, da in Schnepfenthal zunächst nur Salzmanns eigene Kinder sowie ein Pflegesohn unterrichtet wurden. Die Anstalt erlebte aber eine rasche und dauerhafte Blüte und konnte steigende Schülerzahlen vorweisen. 1803 wurden bereits 61 Edukanden unterrichtet.

Christian Gotthilf Salzmann starb 1811 an seinem Wirkungsort, im thüringischen Schnepfenthal.

Nicht nur aufgrund des pädagogisch-praktischen Erfolgs seiner Tätigkeit unterscheidet sich Salzmann von den philanthropischen Reformern seiner Zeit, sondern auch hinsichtlich seines ausgeprägten sozialkritischen Bewusstseins, das in seinem sechsteiligen Roman *Carl von Carlsberg oder Über das menschliche Elend* (Leipzig, 1784–1788) deutlich wird. In diesem Werk beschäftigt er sich mit der hoffnungslosen Lage armer Kinder und ihrer Familien, ihrer Ausbeutung und Unterdrückung, ihrer seelischen Verrohung und körperlichen Verkrüppelung sowie mit dem Hochmut des Adels, der Borniertheit der Lehrer, der Überheblichkeit der Kirchen, der Gleichgültigkeit der Öffentlichkeit sowie der Rechtlosigkeit von Frauen und Juden. Der Autor entwirft ein drastisches Gemälde, um die Leser und Leserinnen seiner Zeit wachzurütteln, um sie für die Verbesserung der sozialen Verhältnisse zu gewinnen – und wird damit bekannt und beliebt. Weitere Romane wie *Sebastian Kluge's Lebensgeschichte* (1790) und die *Geschichte des Landrichters Pappel* (1812) veröffentlichte Salzmann in der Zeitschrift »Der Bote aus Thüringen«. Im Sinne der Aufklärung ging es jeweils um die Befreiung der Menschen aus den vielfältigen Formen des Elends.

1794/96 gab Salzmann eine episodenhaft und lehrreich angelegte Familiengeschichte heraus: *Conrad Kiefer oder Anweisung zu einer vernünftigen Erziehung der Kinder. Ein Buch für's Volk*. Das Buch hat hauptsächlich die bäuerliche Bevölkerung im Blick und möchte darüber aufklären, »wie sie vernünftiger, besser und glückseliger werden« könnte. Zu diesem Zweck werden handfeste moralische und praktische Ratschläge gegeben, stets am Beispiel der körperlichen wie geistigen Entwicklung und Erziehung der Hauptfigur Konrad. Salzmann vertritt dabei die optimistische aufklärerische Überzeugung, mittels »vernünftiger Erziehung« die Kinder »durchaus gesund, klug, geschickt, ehrlich, gegen vernünftige Erinnerung folgsam, fleißig und tätig« machen zu können. Hier wird bereits das angelegt, was Salzmann später in seinem Hauptwerk *Ameisenbüchlein*, der bekannten *Anweisung zu einer vernünftigen Erziehung der Erzieher* (1806), vertrat.

So verkörpert Salzmann in der Gruppe der pädagogischen Reformer des ausgehenden 18. Jahrhunderts wohl am besten die Einheit von Gesellschafts- und Erziehungsreform, Philanthropie und pädagogisch-politischem Engagement. Was andere Philanthropen wie Campe und Trapp als Forderung aufgestellt hatten und was in der neuhumanistischen Bildungsphilosophie verschwunden war, hatte Salzmann eingelöst: Erschließen der und Einfühlen in die Gedanken- und Erlebniswelt des Kindes, Veranschaulichung des pädagogischen Verhältnisses zwischen Eltern und Kindern, Bereitstellung kindgemäßer Methoden (z. B. das Erzählen von Moralgeschichten im Unterricht, die an die Lebenswelt der Kinder anknüpfen). Der pädagogische Schriftsteller Salzmann hat mit seinen Empfehlungen eine fundierte Darstellung von Strukturen und Prozessen des erziehenden Umgangs geliefert. Er ist, neben Johann Heinrich Pestalozzi, ein Klassiker der Familienpädagogik.

Literatur:

Salzmann, C.G.: Pädagogische Weisheiten. Ausgewählt und eingeleitet von H. König. Leipzig 1961

Kemper, H.; Seidelmann, U. (Hrsg.): Menschenbild und Bildungsverständnis bei Christian Gotthilf Salzmann. Weinheim 1995

DIE PÄDAGOGEN DES NEUHUMANISMUS

In den Jahrzehnten zwischen 1770 und 1830 lässt sich eine neue, von der Aufklärungsepoche zu unterscheidende Zeitphase erkennen. Hier kommt es zur Überlagerung, aber auch Auseinandersetzung zweier Strömungen. So kam die Aufklärung bzw. der in ihr entstandene Volksbildungsgedanke zu seiner wirklichen Entfaltung. Bis dahin war Pädagogik zwar theoretisch erörtert worden, aber ein moderner Erziehungs- und Bildungsprozess existierte nicht. Im Gegensatz zur Philosophie ließen die vorhandenen Erziehungsmethoden und Schulen in Deutschland bis zum ausgehenden 18. Jahrhundert kaum den Einfluss aufklärerischer Erziehungsambitionen erkennen. Erst ab 1808 wurde der Prozess der preußischen Schulreformen mit Wilhelm von Humboldt (1767–1835) wirklich auf den Weg gebracht.

Neben dem Moment der Aufklärung entstand nun eine Art Gegenbewegung, die ein neues Lebensgefühl vermittelte. Das Irrationale im Menschen wurde stärker betont, und nicht der trockene Verstand, sondern das Romantische, der Aufstand der Jugend, die Freiheit des Individuellen zählen. Besonders in den Bereichen der Kunst und Literatur, aber auch in der Philosophie bringt diese klassisch-idealistische Epoche eine Vielfalt von bedeutenden Persönlichkeiten (Goethe, Schiller, Herder) und Motiven hervor.

Unter diesen Voraussetzungen sind die großen pädagogischen Pläne mit ihren philosophischen Ideen und egalitären Programmen, die von den Neuhumanisten unter Berufung auf Pestalozzi vorgelegt wurden, für die Gestaltung der Volksbildung wichtig.

Bei der von Rousseau aufgeworfenen Frage, ob der Mensch zum Menschen oder zum Bürger gebildet werden sollte, hatten sich die Philanthropen für die Erziehung zum *Bürger* entschieden, für *bürgerliche Brauchbarkeit* und *Nützlichkeit*. Im Unterschied dazu setzte der Neuhumanismus auf Bildung des Menschen zum *Menschen*, zur Individualität, zur menschlichen Vollkommenheit und Allseitigkeit. Es ging – anders als in der Aufklärung – nicht in erster Linie darum, die Verstandeskräfte zu entfalten, sondern der Mensch sollte zu einer harmonischen inneren Gestalt kommen. Die Idee einer beruflichen Spezialbildung wurde zurückgedrängt. Bildung meint demnach nicht Nutzbarmachung, vielmehr eine Formung der Seele, ein Veredeln des noch Rohen, Ungestalteten. In dieser Vorstellung spiegelt sich die für Goethes Zeit charakteristische Auffassung vom Eigenrecht und der inneren Kraft des Heranwachsenden wider.

Um eine solche ganzheitliche Bildung und nicht nur eine reine Wissensvermittlung verwirklichen zu können, entstand im neuhumanistischen Geist das Gymnasium mit dem Schwerpunkt der (alt-)sprachlichen Bildung sowie 1810 die Universität Berlin als Vorbild für die moderne Universität in ganz Deutschland. Beide Errungenschaften sind in Preußen auf das Wirken Wilhelm von Humboldts zurückzuführen. Das humanistische Gymnasium konnte sich noch weit ins 19. Jahrhundert hinein als herrschender Schultyp behaupten, obwohl es auf zunehmend realistische Gegenströmungen stieß.

Dieser Wandel im Bildungs- und Erziehungswesen ist jedoch auch kritisch zu betrachten und stellt sich nicht nur als ein ideen- oder geistesgeschichtlich zu konstatierender Vorgang dar; denn es gab durchaus unmittelbare, realgeschichtlich fassbare Gründe für den Wandel. So lag die Organisation der Schulangelegenheiten in staatlicher Hand, und das Standesinteresse der gelehrten gymnasialen Schulpädagogen ließ diese zu Repräsentanten des eigenen, neuen Bildungsbürgertums aufsteigen: Soziale Absicherung und Aufstieg werden dank »höherer« Bildung – mit Hilfe des Staates und dessen Verwaltung – zum Privileg für die an der ritualisierten standesbewussten Lebensweise des Adels orientierten neuen Bürgerschichten. Hierin spiegelt sich eine allgemeine Tendenz in Deutschland nach 1800 wider: die doppelseitige Abgrenzung des selbstbewusst gewordenen Bürgertums, einerseits von der Verkommenheit des Adels, andererseits vom gemeinen Mann. Das ursprüngliche bürgerliche Konzept allgemeiner Volksaufklärung und -bildung des 18. Jahrhunderts artikuliert sich im 19. Jahrhundert zunehmend standespolitisch. Bildung wird zum Vorrecht höherer bürgerlicher Stände.

Literatur:

Benner, D; Kemper, H.: Theorie und Geschichte der Reformpädagogik. Teil 1: Die pädagogische Bewegung von der Aufklärung zum Neuhumanismus. 2. Auflage, Weinheim und Basel 2003

Reble, A.: Geschichte der Pädagogik. 18. Auflage, Stuttgart 1995

JOHANN HEINRICH PESTALOZZI

(1746–1827)

Pestalozzi hat als Pädagoge trotz politischer Widerstände das abendländische Erziehungswesen des 19. und 20. Jahrhunderts nachhaltig beeinflusst. Die offenkundige Not der nach seiner Meinung aufgrund von Unkenntnis, Aberglauben und ökonomischer Abhängigkeit unterdrückten Landbevölkerung hat Pestalozzi dazu bewegt, sich selbst als »parteiisch fürs Volk« zu bezeichnen. Revolutionäre Veränderungen der gesellschaftlichen Machtverhältnisse sind aber wegen ihres immer auch zerstörerischen Verlaufs nach Pestalozzis Auffassung nicht nur inhuman, sondern im Sinne der gewünschten Verbesserungen geradezu kontraproduktiv. Denn nicht die Einstellungen der Menschen verändern sich, sondern lediglich die Macht verlagert sich, und zwar in die Hände von Menschen, »deren Tugend vorher nur Gedankenlosigkeit war«. Dauerhaft sei die Situation des Menschen nur zu verbessern, indem parallel eine Verbesserung des Wissensstandes und der Einstellung des Menschen erfolgt. Pestalozzi verstand den Erziehungsauftrag folglich als politischen Auftrag und setzte unbeirrt auf Bildung, gerade auch der einfachen Leute, womit er das Verhältnis Individuum und Gesellschaft tiefgreifend thematisierte.

Pestalozzi, am 12. Januar 1746 in Zürich geboren, entstammt einer italienischen Kaufmannsfamilie. Seine Entfaltungsmöglichkeiten waren durch den frühen Tod des Vaters und die damit verbundene äußerste Sparsamkeit der Familie sehr begrenzt. Der Großvater, Andreas Pestalozzi, war Dorfpfarrer in der Nähe von Zürich und nahm sich seines Enkels in besonderer Weise an. Bei seinen Besuchen im großväterlichen Haus lernte Pestalozzi die Lebenssituation der Landbevölkerung kennen. Diese unterschied sich immens von jener der städtischen Einwohner, da allein den Städtern das Bürgerrecht und somit die gesetzgebende und ausführende richterliche Gewalt vorbehalten war. Das Vorrecht, Handel und Manufaktur zu betreiben, blieb somit ebenfalls auf den Kreis der Bürger beschränkt. Selbst gebildeten ländlichen Familien wie der Arztfamilie, aus welcher Pestalozzis Mutter stammte, blieb das Bürgerrecht versagt. Rechtliche und wirtschaftliche Benachteiligungen wurden nachdrücklich aufrechterhalten. Ein völlig unzureichendes Bildungssystem verstärkte die Unselbständigkeit und Abhängigkeit der auf dem Land lebenden Handwerker, Bauern und Tagelöhner. Zu diesen Alltagserlebnissen kamen Pestalozzis Erfahrungen während seiner Schullaufbahn hinzu, die ihn später zum Pädagogen haben werden lassen: Er kritisierte die Schulen wegen ihres mangelnden Realitätsbezugs, würdigte jedoch die Wissenschaftlichkeit der Züricher Lateinschulen und der philosophisch-theologischen Hochschule, die er selbst besucht hatte (1754–1764) und bereits damals europäisches Renommee besaßen. In seiner Studienzeit wurde Pestalozzi mit dem Postulat des eigenständigen Denkens vertraut, das sein akademischer Lehrer Johann Jakob Bodmer (1698–1783) stets gegen die Widerstände der Obrigkeit verfocht. Nach seinem Theologiestudium setzte Pestalozzi seine Ausbildung fort, indem er sich der Jurisprudenz zuwandte – auch um sich politischen Einfluss zu verschaffen. Anschließend absolvierte Pestalozzi eine einjährige Lehrzeit im Landbau (1767) und bewirtschaftete eigenes Land. Dies schien ihm eine Möglichkeit, sich nach seiner Heirat mit Anna Schulteß (1769) ökonomisch abzusichern. In der Landwirtschaft sah Pestalozzi zudem die Basis jedes stabilen Wirtschaftssystems, eine Einschätzung, die sich in einer damals breiten gesellschaftlichen Bewegung wiederfindet. Doch auch der Einfluss Rousseaus kommt darin zum Tragen, dessen Vorstellung von der natürlichen Lebensführung Pestalozzi imponiert haben muss.

1770 kommt das einzige Kind des Ehepaares Pestalozzi zur Welt. Es trägt die Vornamen Rousseaus in deutscher Version: Hans Jakob. Er stirbt jedoch schon als junger Mann an den Symptomen der Epilepsie. Pestalozzi macht sich zeitlebens Vorwürfe, den Sohn, angeregt durch das Erziehungsprogramm Rousseaus, nicht ausreichend auf die Anforderungen des Berufslebens vorbereitet zu haben.

Die negative Entwicklung in der Landwirtschaft wie europaweite Missernten, aber auch die aufkommende Baumwollindustrie führten schließlich zur »pädagogischen Wende« in Pestalozzis Leben. Denn die große wirtschaftliche Not, vor allem der Kinder, die zur Arbeit (in der Landwirtschaft) gezwungen waren, um zu überleben, veranlasste Pestalozzi 1774 dazu, seinen Hof in eine Armenanstalt für Kinder umzuwandeln. Diesen ersten und großen Versuch, sozialpolitische Ideen umzusetzen, konnte er – selbst ständig mit ökonomischen Schwierigkeiten kämpfend – bis 1780 aufrechterhalten. Pestalozzi wollte für seine Zöglinge mehr als eine kurzfristige Situationsverbesserung erzielen. Sein Konzept der *politechnischen Erziehung* zielt darauf, die Kinder in die Lage zu versetzen, sich als Erwachsene in ihrer jeweiligen Umwelt selbst zu helfen. Seine Zöglinge zeigten allerdings wenig Verständnis für den liberalen, auf Selbstverantwortung ausgerichteten Erziehungsstil. Pestalozzis Zugewandtheit wurde offenbar als Schwäche ausgelegt und ausgenutzt. Auch seitens des Staates konnte der Pädagoge Pestalozzi auf keinerlei Unterstützung hoffen und löste seine Erziehungsanstalt schließlich auf – mittellos und deprimiert.

Was Pestalozzi in konkreten Unternehmungen nicht realisieren konnte, setzte er in den folgenden Jahrzehnten, bis etwa 1800, literarisch um. Noch im selben Jahr seines vermeintlichen Scheiterns erscheint *Die Abendstunde eines Einsiedlers*, worin Pestalozzi – noch Rousseau nacheifernd – eine naturgemäße Erziehung fordert und Schulen wie schulische Methodik als unnatürlich ablehnt. Europäischen Ruhm trug ihm der Volksroman *Lienhard und Gertrud* ein. Der Roman, dessen vier Teile zwischen 1781 und 1787 erschienen, sollte dem Volk und den Regierenden die Zusammenhänge aufzeigen, welche die Not der Landbevölkerung verursachten, und einen Weg aufweisen, wie diese Zustände zu beseitigen wären. Pestalozzi forderte entsprechende Gesetzgebungen, aber vor allem eine fundierte Erziehung und – nun in Abkehr von Rousseau – institutionalisierte Schulen. Der Erfolg des Romans brachte Pestalozzi wie Schiller, Klopstock und anderen namhaften deutschen Literaten die von der französischen Nationalversammlung ausgesprochene Ehrenbürgerschaft Frankreichs ein. Es folgte Pestalozzis Veröffentlichung *Meine Nachforschungen über den Gang der Natur in der Entwicklung des Menschengeschlechts*: Im Miteinander von philosophischen und pädagogischen Aspekten geht es um die zentrale Frage, was der einzelne Mensch in seiner Welt ist. Pestalozzi illustriert die Fragestellung am konkreten Verlauf der französischen Revolution. Die französische Revolution hatte auf die Schweiz übergegriffen, und Pestalozzi konnte seine pädagogischen Vorstellungen erneut erproben. Die Regierung betraute ihn mit der Gründung einer Armenanstalt in Stans/Kanton Nidwalden. Pestalozzi versuchte nun mit erweitertem pädagogischen Konzept, achtzig verwaiste Kinder rundum zu betreuen, zu erziehen und zu unterrichten. Doch bereits nach sieben Monaten musste die Einrichtung, diesmal unter dem Druck des französisch-österreichischen Krieges, wieder geschlossen werden. Die Schweizer Zentralregierung zeigte mittlerweile Interesse an Pestalozzis ganzheitlicher Armenerziehung und seiner Unterrichtsmethode beim Lesen- und Schreiben-Lernen. Und so folgte tatsächlich die verbesserte Erstlese- und Schreibunterrichtung an einigen Elementarschulen. Darüber hinaus hatte Pestalozzi das Vorhaben einer umfassenden Volkserziehung und -bildung nie aus den Augen verloren. Seine Erfolge brachten ihm nach 1800 die Erlaubnis ein, ein Schulmeisterseminar in Iferten/Kanton Bern zu begründen. Das methodische Programm setzt auf das Prinzip der Anschaulichkeit und wurde unter dem Titel *Wie Gertrud ihre Kinder lehrt* publiziert. Das Lehrerseminar entwickelte sich zu einem pädagogischen Zentrum Europas; 1809 wurden in dieser Einrichtung 166 Kinder unterschiedlicher Nationalität betreut. Doch die politische Restauration, die Pestalozzis Konzept der Volksbildung mit Misstrauen begegnete, und schließlich der Richtungsstreit innerhalb der Lehrerschaft führten 1825 zur Auflösung des Instituts. Dies war ein weiterer Schlag in Pestalozzis letztem Lebensjahrzehnt. Er starb 1827 in Brugg/Kanton Aargau, ein umfangreiches publizistisches Werk hinterlassend.

Literatur:

Pestalozzi, J. H.: Sämtliche Werke. Hrsg. von A. Buchenau u. a., 29 Bde., Berlin/ Leipzig, jetzt Zürich 1927ff

Delekat, F.: Johann Heinrich Pestalozzi. Der Mensch, der Philosoph und der Erzieher. Leipzig 1968

Gruntz-Stoll, J.: Pestalozzis Erbe. Verteidigung gegen seine Verehrer. Bad Heilbrunn 1987

Stadler, P.: Geschichtliche Biographie. 2 Bde., Zürich 1993

Wilhelm Freiherr von Humboldt
(1767–1835)

Geistesgeschichtlich ist Wilhelm von Humboldt, der einflussreiche Organisator des deutschen Schulwesens im 19. Jahrhundert und politischer Vertreter des humanistischen Bildungsideals, in der historischen Situation zwischen Spätaufklärung und Romantik, zwischen Französischer Revolution und napoleonischen Befreiungskriegen zu verorten.

Humboldt wurde am 22. Juni 1767 als Sohn eines königlichen Kammerherrn in Potsdam geboren. Zusammen mit seinem um zwei Jahre jüngeren Bruder Alexander, dem späteren Naturforscher und Entdecker, verbringt er seine Jugend auf dem Landsitz Tegel (heute Berliner Stadtteil) und in Berlin. Seine Erziehung verläuft nach einem ebenso strengen wie kompakten Plan, stets unter Anleitung eines Erziehers, der ihm kaum Freiraum lässt. Nach dem frühen Tod des Vaters werden die Knaben in die erzieherische Obhut des Theologen und Hauslehrers Campe (1746–1818) übergeben, eines viel gelesenen Jugendschriftstellers und Aufklärungspädagogen. Als Hofmeister übernimmt Kunth, ein späterer preußischer Staatsrat, die Verantwortung für die Erziehung der beiden Knaben und gewinnt die angesehensten Lehrer, die sämtlich der Aufklärung angehören. Das Unterrichtsprogramm der beiden Zöglinge umfasst Geschichte, Naturkunde, Mathematik, alte und neue Sprachen und weist einen akademischen Zuschnitt auf. Somit sind Humboldt die Ideen der Aufklärung, das Naturrecht, mithin die Leibniz'sche Vernunftlehre wohlvertraut, ebenso die Methoden philosophischen Denkens. Die Übung intensiver Gedankenarbeit ist dem heranwachsenden Humboldt zur mühelosen Gewohnheit geworden. Bereits als junger Mann bewegt sich Humboldt in den philosophisch-literarischen Salons geistreicher jüdischer Damen, in deren Kreis er seine spätere Gattin Caroline von Dacheröden kennenlernt. 1787 beginnt er ein Studium der Jurisprudenz in Frankfurt/Oder, von wo aus er schließlich nach Göttingen wechselt, da er sich von der neu entstehenden Altertums- und der historischen Ausrichtung der Staatswissenschaft angezogen fühlt. Die intellektuelle Auseinandersetzung im Austausch mit Heinrich Heine (1797–1856) und anderen freigeistigen Gelehrten sowie Studien der Kant'schen Philosophie fordern seine Anteilnahme an den Problemen der Gegenwart heraus. So unternimmt er 1789 zusammen mit seinem ehemaligen Hauslehrer Campe eine Bildungsreise nach Paris und wird Zeuge der Französischen Revolution.

1790 tritt Wilhelm von Humboldt beim Berliner Stadtgericht in den preußischen Staatsdienst, wo er auch mit diplomatischen Aufgaben betraut wird. Doch nach der Heirat mit Caroline ein Jahr später setzt er seine aussichtsreiche Laufbahn nicht fort, sondern zieht sich auf das Landgut der Schwiegereltern nach Thüringen zurück. Frei von Existenzsorgen widmet er sich den Studien des klassischen Altertums, verfasst Schriften anthropologischen Inhalts und korrespondiert ausführlich mit Johann Wolfgang von Goethe (1749–1832), Friedrich August Wolf (1759–1824) und anderen. Im Mittelpunkt steht die Frage nach der fassbaren Wirklichkeit des Menschen als Einzel- und Gattungswesen. Die Anthropologie Humboldts gründet sich auf das zugleich ideal und real Vorfindbare in den Objektivationen, den Ausdrucksgestalten des Geistes. Wilhelm von Humboldt spricht der Bildung des Individuums jene innere Verfassung zu, aus der alle Tätigkeit des Einzelnen im Ganzen der Kultur entspringt. Mit seinen Veröffentlichungen erzielt er jedoch nur ein spärliches Echo. 1797 siedelt er mit seiner Familie nach Paris über, wo er bis 1801 lebt und arbeitet. Humboldt unternimmt weitere Bildungsreisen nach Spanien, beschäftigt sich mit der baskischen Volkssprache und legt Studien zur Sprachforschung an. Von 1802 bis 1808 ist Humboldt diplomatischer Vertreter Preußens im Vatikan. In Rom erlebt er den Zusammenbruch Preußens und wird auf Vorschlag des Freiherrn von Stein (1757 –1831) mit der neu eingerichteten, selbständigen Sektion für Kultus und Unterricht beauftragt. Zunächst fasziniert von der Aufgabe, leitet er die Sektion aber nur ein Jahr, von 1809 bis 1810, da ihn die Abhängigkeit vom Kultusministerium einengt. Humboldt kehrt in den diplomatischen Dienst zurück, während das Schulwesen die Reformgedanken von Steins, unter Berufung auf Pestalozzi, weiterhin umzusetzen versucht. Als Staatsmann trägt Wilhelm von Humboldt entscheidend zum Wiederaufstieg Preußens unter den europäischen Großmächten bei. Als Gesandter in Wien, dem Hauptquartier der Allianz gegen Napoleon, als Bevollmächtigter auf dem Wiener Kongress und später beim Deutschen Bund in Frankfurt am Main gewinnt er persönlichen Einfluss auf die auswärtige Politik und genießt als versierter Diplomat hohes Ansehen. Mit seinem Amt als Minister für Verfassungsfragen, 1819, hofft er verstärkten Einfluss auf die Innenpolitik zu gewinnen und wendet sich gegen den aufkommenden Neoabsolutismus. Er teilt die allgemeine Empörung über die polizeiliche Überwachung der öffentlichen Meinung, was seine Gegnerschaft zu Staatskanzler von Hardenberg verfestigt, der schließlich für Humboldts Entlassung sorgt.

Nun widmet sich Humboldt intensiv seiner Sprachtheorie, die heute als Basis moderner Sprachwissenschaft gilt. Sein Wissensdrang erstreckt sich auch auf die Erforschung indonesischer Sprachen. Bis zu seinem Tode 1835 bleibt er der Wissenschaft als Mitglied der Berliner Akademie verbunden. Unter seinen Zeitgenossen zwar schon eine Berühmtheit, wird sein Gesamtwerk jedoch der Öffentlichkeit erst Mitte des 19. Jahrhunderts allmählich bekannt. Die Veröffentlichung seines kompletten wissenschaftlich-literarischen Nachlasses nahm mehr als ein Jahrhundert in Anspruch. Dem deutschen Bürgertum ist Humboldt durch seine *Briefe an eine Freundin* (Charlotte Diede) ein Begriff geworden. Der Briefwechsel mit seiner Gattin gilt als ein Dokument, in dem sich die hohe Kultur des Familienlebens im 19. Jahrhundert widerspiegelt. Umfang und Inhalt seiner Tätigkeit als Leiter der Sektion für Kultus und Unterricht wurde erst kurz vor dem ersten Weltkrieg von dem Erziehungswissenschaftler Eduard Spranger aufgedeckt, der Wilhelm von Humboldt als Schöpfer des modernen Bildungswesens würdigt.

Literatur:

Humboldt, W. von: Werke in fünf Bänden. Hrsg. von A. Flitner u. K. Giel. Darmstadt 1960ff

Spranger, E.: Wilhelm von Humboldt und die Reform des Bildungswesens. Berlin 1910/ Tübingen 1963

Koselleck, R.: Preußen zwischen Reform und Revolution. Stuttgart 1967

FRIEDRICH ERNST DANIEL SCHLEIERMACHER

(1768–1834)

Friedrich Daniel Ernst Schleiermacher war in erster Linie Theologe und hat mit seinem Werk die Entwicklung der Theologie im 19. Jahrhundert entscheidend geprägt. Er kann jedoch als universaler Gelehrter angesehen und somit auch als Philosoph und Pädagoge gewürdigt werden. Seine besondere Leistung im Bereich der pädagogischen Theorie liegt darin, dass er Erziehung im großen kulturellen Zusammenhang betrachtet. Hierbei widmet er sich nicht nur pädagogischen Grundfragen, sondern nimmt auch die Schule mit ihren Lehrinhalten und ihrer Organisation differenziert in den Blick. Unter den Pädagogen findet Friedrich Schleiermacher daher Erwähnung als bedeutender Theoretiker, mit dessen Überlegungen die universitäre pädagogische Wissenschaft kontinuierlich Gestalt annahm.

Am 21. November 1768 wird Schleiermacher in Breslau als Sohn eines Militärseelsorgers geboren; die elterlichen Familien weisen eine Vielzahl von Pastoren auf. Der Vater hatte durch seine Dienstreisen die christlich protestantische Glaubensbewegung der herrenhutischen Brüdergemeinden (*herrenhut*, abgeleitet von »Obhut des Herrn«) kennengelernt. Unter diesem Einfluss werden Schleiermacher und seine beiden Geschwister in tiefer Religiosität erzogen. Als Heranwachsender besucht Schleiermacher das Paedagogium zu Niesky bei Görlitz, eine Internatsschule, die vorwiegend der Erziehung künftiger Prediger und Lehrer der Brüdergemeinden dient. Die herrenhutische Leitidee, wonach die Heilsbedeutung in einer persönlichen Erweckung und Christusbeziehung besteht, durchzieht das Schulleben Schleiermachers, dessen inhaltlicher Schwerpunkt – neben mathematischen und naturkundlichen Gegenständen – auf dem

65

Studium der klassischen Sprachen und Literatur liegt. Es folgt ein Studium an der Theologischen Hochschule der Brüdergemeinde in Barby an der Elbe (heute Sachsen-Anhalt). Die Ausbildung dort zielt jedoch eher auf die Vertiefung der Frömmigkeit als auf die Einführung in die Wissenschaften. Auch war die Lektüre schöngeistiger und moderner philosophischer Literatur verpönt, was für Schleiermacher einen umso größeren Anreiz bedeutet haben dürfte, sich diesen philosophischen Schriften zu widmen. Schließlich wechselt er an die liberalere Universität Halle (1787–1789), wo er auf Kant sowie auf die Schriften des Altertums aufmerksam wird; zudem erwirbt er Kenntnisse in englischer und französischer Sprache. Nach dem theologischen Examen in Drossen (bei Frankfurt an der Oder/heute Polen) tritt Schleiermacher 1790 eine Hauslehrerstelle beim Grafen Dohna zu Schlobitten in Ostpreußen an. Die kultivierte Geselligkeit in diesem Haus ist für ihn – nach seiner streng behüteten Erziehung – eine prägende Erfahrung. Im Anschluss an eine weitere Beschäftigung als Lehrer, diesmal in Berlin, übernimmt er 1794 eine Hilfspredigerstelle in Landsberg an der Warthe. Hier widmet er sich der religiösen Unterweisung von Kindern und Jugendlichen, bevor er als Prediger eine Stelle an der Berliner Charité annimmt. Schleiermacher bekommt Zugang zu den Berliner literarischen Salons, jenen kulturellen Institutionen der deutschen Romantik. Das geringe Verständnis seiner Berliner Freunde für Religion und seinen Predigerberuf nimmt Schleiermacher zum Anlass, die Schrift *Über die Religion. Reden an die Gebildeten unter ihren Verächtern* (1799) zu verfassen, die ihn in kurzer Zeit berühmt macht. Schleiermacher charakterisiert in diesem Text Religion als eine von Metaphysik und Moral streng zu unterscheidende Grundtendenz des menschlichen Geistes. Außerdem tritt in dieser Schrift bereits die Bedeutung des Individualitätsbegriffs hervor, die das pädagogische Denken Schleiermachers bestimmt und in seinen *Monologen* (1780) noch schärfere Kontur erfährt. Hiermit stößt er allerdings auf das Unverständnis seiner kirchlichen Vorgesetzten, die behaupten, er tendiere zum Pantheismus, wonach das Universum als solches mit Gott gleichbedeutend ist, einer Auffassung, die mit dem Christentum unvereinbar sei. Vor dem Hintergrund dieser Entwicklungen folgt Schleiermacher 1804 dem Ruf auf eine theologische Professur an der Universität Halle. Dort lehrt er Exegese, Hermeneutik – die Auslegung und das Verstehen von Texten – sowie Dogmatik und Ethik. Seine Vortragsweise gelangt zur Virtuosität; nur anhand von Notizen spricht er zum Publikum und entwickelt sein Gedankengefüge während der Rede, die er nachträglich aufschreibt und in seine Schriften einarbeitet.

Zwei Jahre später wird die Universität Halle von Napoleon aufgelöst. Nachdem Schleiermacher zunächst als Prediger in Halle wirkt, geht er 1809 wieder nach Berlin, nun an die Dreifaltigkeitskirche. Seinen Hörern setzt er die Niederlage Preußens als Möglichkeit der Selbstbesinnung und des Neuanfangs auseinander. Schleiermachers Predigten, die anschließend gedruckt werden, genießen ungeheuren Zuspruch. 1806 schließt er sich der Patriotenbewegung an, die den allgemeinen Volksaufstand gegen Napoleon herbeiführen will. So bekommt er persönlichen Kontakt zu Freiherr von Stein, Gneisenau, Scharnhorst und Königin Luise. Schleiermachers Zielvorstellungen sind bestimmt von politischen Bestrebungen wie freiheitliche Verfassung, konstitutionelle Monarchie und Wahrung der einzelnen deutschen Länder, wodurch er mehrfach mit konservativen Kreisen in Konflikt gerät.

1810 wird Schleiermacher durch Wilhelm von Humboldt in die Gründungskommission der Universität Berlin berufen. Dort vertritt er die Ansicht, dass die Universität einer philosophischen Gesamtschau verpflichtet sei – jenseits der Nützlichkeitserwägungen, die bloße Einzelinteressen betonen. Die eigentliche Universität sei lediglich in der philosophischen Fakultät enthalten, denn nur sie ziele unmittelbar auf Erkenntnis. Dagegen seien die juristische, theologische und medizinische Fakultät aus der Notwendigkeit entstanden, eine unentbehrliche Praxis durch Theorie zu fundieren. Schleiermachers Lehrtätigkeit an der Theologischen Fakultät der Universität Berlin, deren erster Dekan er wird, umfasst das gesamte Gebiet der Theologie sowie auch Vorlesungen über Dialektik, Ethik, Politik, Psychologie, Pädagogik und Ästhetik. Gemessen an den Hörerzahlen, übertrifft sein Lehrerfolg in der Philosophie sogar den Hegels (1770–1831).

Pädagogik war durchaus kein Schwerpunkt in Schleiermachers Lehrtätigkeit. Sie stellt vielmehr ein gedankliches Nebenprodukt seines vielfältigen Wirkens dar. Die Erziehungslehre Schleiermachers existiert, abgesehen von einigen einschlägigen Akademieabhandlungen und Predigten, nur in Form von Skizzen und sehr ausführlichen Nachschriften zu den Vorlesungen über Pädagogik, die er 1813/14, 1820/21 und 1826 gehalten hat. Dennoch stellen diese Einzelquellen zusammengenommen ein reifes, gedankenreiches und geschlossenes Werk der Pädagogik dar. Durch eine gründliche Besinnung auf den Wissenschaftscharakter der Pädagogik bildet sie – zusammen mit dem Ansatz Herbarts (1776–1841) – den Grundstock der Pädagogik als Wissenschaft. Den wissenschaftlichen Charakter erhält die Pädagogik durch das philosophische und das empirische Moment, das ihr innewohnt. Sie ist eine »Kunstlehre«, die zwar auf die Praxis zielt, ihr jedoch nicht unmittelbar dienen kann. Ein utilitaristisches Verständnis einer rezeptartig auswertbaren Theorie für die Praxis lehnt Schleiermacher ab.

Inhaltliche Aspekte sind bei ihm sozialethisch angelegt. Erörtert werden unter anderem die Überwindung der Standesschranken und die Bedeutung des Schullebens. Aber auch die Versöhnung des neuhumanistischen Geistes mit den realistischen Strömungen tritt in der Pädagogik Schleiermachers hervor.

Ein wichtiger Ausgangspunkt in der Erziehungsfrage liegt für Schleiermacher im Verhältnis der Generationen. Die Frage, was die ältere Generation mit der jüngeren will, ist grundlegend für eine Zielbestimmung von Erziehung. Zum einen kann das Kulturleben nur weiter bestehen, wenn die nachkommenden Generationen in das Gesamtleben hineingeführt werden. Zum anderen soll Erziehung aber das Gesamtleben auch verbessern und darf Bestehendes nicht nur konservieren. Insofern soll Erziehung einen konservativen wie revolutionären Gesichtspunkt beinhalten und darf keinen der Aspekte dominieren lassen. Auf die Entwicklung des Kindes übertragen bedeutet dies, dass es einerseits aus dem rein individuellen Kreis herauszuführen ist und zum Dienst am objektiven Ganzen befähigt werden soll, dass es andererseits aber aus einem farblosen Wesen zu einer eigenständigen und eigentümlichen Persönlichkeit gebildet

werden soll. In beidem sieht Schleiermacher große Erziehungs-
aufgaben, welche die Polarität der Pädagogik markieren. Da
nur ausgeprägte Individualität dem Gesamtleben dienen kann,
sollte in der ersten Periode der Entwicklung vor allem die Erziehung des Individuellen gefördert werden und erst in der zweiten Periode das Überindividuelle hervortreten. Für die erste
Phase der Erziehung bildet die Familie den geeigneten Raum,
die zweite Phase als Vorstufe des gesellschaftlichen Lebens findet im öffentlichen Bereich der Schule statt. Insofern spricht sich
Schleiermacher auch gegen einen Privatunterricht in der Familie aus.

Eine weitere pädagogische Spannung ergibt sich aus dem
Verhältnis von Gegenwart und Zukunft. Pädagogisches Tun
konzentriert sich auf die Zukunft, auf die der Heranwachsende
vorbereitet und eingestimmt werden soll. Zugleich ist das Kind
stark der Gegenwart verhaftet, erlebt den Augenblick besonders
intensiv. Auch dieser Gegensatz ist in der Erziehung zu bewäl-
tigen, indem beide Pole als berechtigt anerkannt werden. Jeg-
liches pädagogisches Handeln muss berücksichtigen, dass das
Kind auch eine Befriedigung im Jetzt erfährt, es darf nicht zu
einer »Aufopferung des Moments« kommen, das heißt, keine
Aufgabe darf nur »Mittel« für einen späteren Zweck sein. Aber
genauso muss pädagogisches Handeln das spätere Leben mit
im Blick haben und darf nicht nur auf den Moment bezogen
sein. So lautet Schleiermachers Maxime: »Das Kindsein muß
das Menschsein nicht hindern, und das Menschsein nicht das
Kindsein.« Die Erziehung sollte also zunächst beim kleineren
Kind den Gegenwartsaspekt stärker betonen, indem das Spiel
im Vordergrund steht. Dieser Aspekt tritt dann später hinter einer stärkeren Zukunftsorientierung zurück.

Schleiermacher beschäftigt sich ebenfalls mit der Frage
und dem Verhältnis zwischen beabsichtigten, intendierten
Wirkungen von Erziehung und unbeabsichtigten Folgen des
Erziehungsprozesses auf die Entwicklung des Kindes. Erziehung sollte gute Einflüsse unterstützen wie negativen Einflüs-
sen entgegenwirken. Allerdings hält Schleiermacher eine reine
Gegenwirkung gegen das Böse, die Strafe, für pädagogisch be-
denklich. Das Strafproblem wird bei Schleiermacher unter Berücksichtigung psychologischer, ethischer und pädagogischer

Gesichtspunkte ausführlich erörtert. Er zeigt auf, dass eine Strafe grundsätzlich das Gegenteil von dem bewirken kann, was sie ursprünglich beabsichtigt hatte. Indem das Kind aus Furcht vor Schmerz, also im Ausweichen vor einer Strafe handelt, um Lob einzuheimsen, wird es befangen und unselbständig. Schleiermacher kommt zu dem Schluss, dass eine Strafe rein pädagogisch nicht zu begründen, höchstens zu entschuldigen ist.

Schleiermachers Bedeutung für die Theoriebildung der Pädagogik gilt zunehmend als essenziell. Schleiermacher ist bedeutsam für die Konstitution der Pädagogik als selbständige Handlungstheorie in Form einer Kunstlehre. Vor allem Klaus Mollenhauer (1929–1998) bedauerte, dass Schleiermachers Ansatz im Gegensatz Johann Friedrich Herbarts Pädagogik nicht schulbildend geworden sei.

Literatur:

Schleiermacher, F.: Pädagogische Schriften. Hrsg. von E. Weniger unter Mitarbeit von Th. Schulze, 2 Bde. Düsseldorf/München 1957

Brachmann, J.: Friedrich Schleiermacher. Ein pädagogisches Portrait. Weinheim u. a. 2002

Mollenhauer, K.: Der frühromantische Pädagoge. In: Lange, D.: Schleiermacher 1768 –1834. Theologe – Philosoph – Pädagoge. Göttingen 1985, S. 193–216

Redeker, M.: Friedrich Schleiermacher. Leben und Werk. Berlin 1968

Johann Friedrich Herbart

(1776–1841)

Herbarts großes pädagogisch-wissenschaftliches Vermögen zeichnet sich durch eine erkenntnistheoretisch, gesellschaftswissenschaftlich sowie psychologisch abgestützte Erziehungs- und Unterrichtslehre aus, die er zum systematischen Modell fortentwickelte. Sein zentrales pädagogisches Anliegen steht im Zusammenhang mit denen Rousseaus und Pestalozzis und mündet in der generellen Frage, wie Heranwachsende auf Prägungen und Zwänge der Gesellschaft reagieren. Wie lassen sich günstige Entwicklungen hervorrufen, aufgrund derer sich Individualität stabilisiert? Wie muss Erziehung beschaffen sein, damit der Mensch humanes Vermögen entfalten kann? Herbart war der Pädagoge, der insbesondere die nach Voraussetzung und Folge geordneten Abläufe im Unterrichts- und Erziehungsgeschehen in klare und deutliche Begriffe zu fassen und in ein didaktisches System zu bringen bemüht war. Damit schuf er die Basis für eine wissenschaftlich fundierte Didaktik und Methodenforschung.

Als einziges Kind eines Justiz- und Regierungsrates wird Herbart 1776 in Oldenburg in wohlsituierte Verhältnisse hineingeboren. Nach dem Besuch eines öffentlichen Gymnasiums geht er achtzehnjährig nach Jena, wo er zunächst Rechtswissenschaften, später auch Philosophie und Literatur studiert. Er lernt Schiller kennen und hört Vorlesungen bei dem gerade Professor gewordenen Fichte (1762–1814). Von 1797 bis 1799 ist Herbart im Hause eines Berner Landvogts in der Schweiz als Hauslehrer tätig. Gegen Ende seiner Zeit dort besucht er Pestalozzi in Burgdorf und erhält für seine Pädagogik – so vermutet man heute – wesentliche Impulse und zentrale Themen wie die Frage nach dem Einfluss der Atmosphäre auf Unterricht und Erziehung. Herbarts Wirken fällt in die Zeit, als die Aufklärung ihren Höhepunkt erreicht hatte: Alle Ideen müssen vor der kritischen Vernunft zu rechtfertigen sein, um als tauglich gelten zu können. Auf diese Weise werden die Beziehung des Menschen zur Natur, die Beziehung Mensch zu Mensch und später auch das Ich die zentralen Wirklichkeitskategorien bilden. In der Beziehung des Individuums zur Welt sind Anschauung und Gefühl – der Auffassung der Romantik als spätaufklärerische Epoche entsprechend – eingebettet in das persönliche Erleben.

Herbarts universitäre Laufbahn beginnt 1802 mit einer Dozententätigkeit in Göttingen. 1809 erhält er den Ruf für die Fachgebiete Philosophie und Pädagogik an die Universität Königsberg, also auf den früheren Lehrstuhl Immanuel Kants. Hier beginnt für Herbart eine äußerst produktive Phase, die über zwanzig Jahre andauert. Bereits in Göttingen entsteht eines seiner bedeutenden Werke, die *Allgemeine Pädagogik, aus dem Zweck der Erziehung abgeleitet* (1806). Es folgen ein *Lehrbuch zur Einleitung in die Philosophie* (1813) sowie Lehrbücher zur Psychologie. Herbart hofft, Nachfolger Hegels auf dem ersten philosophischen Lehrstuhl des preußischen Staates an der Berliner Universität zu werden, was ihm jedoch verwehrt bleibt. Stattdessen kehrt Herbart an die Universität Göttingen zurück. Als Dekan der Philosophischen Fakultät gestaltet er 1837 die Feierlichkeiten zum hundertjährigen Jubiläum der Georgia Augusta Universität. Bis zu seinem Tod im Jahr 1841 bleibt die Universität Göttingen seine Wirkungsstätte.

Herbarts wichtigste pädagogische Überlegung gilt einem Bildungsgedanken, welcher der bloßen Vielwisserei, das heißt einer lediglich ästhetisch enzyklopädischen Bildungskonzeption, entgegenwirkt. Für die Theorie des Unterrichts entwirft Hebart drei Hauptziele: die Bildung eines *geordneten Gedankenkreises*, so dass sachgerechte, angemessene Entscheidungen abgeleitet werden können; die *Berücksichtigung der Tatsache, dass niemand alles wissen kann*, woraus die Einsicht resultiert, Urteile in Teilschritten fällen zu müssen; das mündet schließlich in das von Herbart konzeptionell entwickelte *lebenslange Lernen*. Zudem fügt er seinem Bildungsbegriff die Reflexion emotionaler Einwirkungen – günstige wie kontraproduktive – hinzu. Herbart zufolge ist Bildung kein Selbstzweck. Sie rechtfertigt sich, sobald und insofern der Wille durch die gewonnene Einsicht die Motive und Maßstäbe für verantwortliches Handeln erhält. Der Zusammenhang von Bildsamkeit, Unterricht und Charakterstärke (im Sinne von Moralität) ist weder hierarchisierend noch additiv dargelegt. Er gleicht vielmehr einer selbsttragenden Konstruktion, indem die einzelnen Elemente in der Darstellung nacheinander erörtert werden und jeweils für sich thematisiert werden können.

Für den Unterricht entwickelte Herbart ein didaktisches Modell, das den Lernprozess bei Kindern ermöglichen sollte. Das Lernen soll demnach in vier Stufen stattfinden: »Allgemein soll der Unterricht zeigen, (Klarheit) verknüpfen, (Assoziation) lehren, (System) philosophieren, (Methode). In Sachen der Teilnehmer sei er anschaulich, (Merken) kontinuierlich, (Erwarten) erhebend, (Fordern) in die Wirklichkeit eingreifend. (Handeln)« Hiermit gibt Herbart eine Leitlinie zum schrittweise Erfassen des Stoffes, die fächerunabhängig eingesetzt werden kann. Diesen Ansatz nannte man später auch Formalstufentheorie.

Literatur:

Herbart, J. F.: Pädagogische Schriften. Hrsg. von W. Asmus, 3 Bde. Stuttgart 1982

Asmus, W.: Herbart in seiner und in unserer Zeit. Essen 1972

Blaß, J.: Herbarts pädagogische Denkform oder Allgemeine Pädagogik und Topik. Ratingen 1968

FRIEDRICH FRÖBEL

(1782–1852)

Die Institutionalisierung der Kinderpädagogik entsprach dem gesellschaftlichen Bedarf in der Industrialisierung im 19. und 20. Jahrhundert, die eine Verwahrlosung und emotionale Verkümmerung kleiner Kinder von berufstätigen Müttern und Vätern zur Folge hatte. Dank Fröbels pädagogischer Praxis der Kindererziehung entstand die bis heute mit seinem Namen verbundene, weltweit bekannte Bezeichnung *Kindergarten*. Zugleich entspricht dieser Begriff einem verdichteten pädagogischen Bedeutungsfeld.

Friedrich Wilhelm August Fröbel wird am 21. April 1782 in Oberweißbach in Thüringen als sechstes Kind eines Pfarrers geboren. Im ersten Lebensjahr stirbt seine Mutter. Nach entbehrungsreicher Kindheit, dem Besuch der Elementarschule, einer einfachen Ausbildung zum Förster und einem abgebrochenen Studienversuch der Naturwissenschaften in Jena (1799/1801) arbeitet Fröbel als Feldmesser in Bamberg und später als Privatsekretär in Mecklenburg. 1805 wird er Lehrer an der Pestalozzi-Musterschule und zugleich Hauslehrer in Frankfurt am Main. Nach einem zweijährigen Aufenthalt bei Pestalozzi in der Schweiz (1808–1810) studiert er erneut Naturwissenschaften in Göttingen und Berlin (1811–1816). Noch 1816 gründet er im thüringischen Griesheim die »Allgemeine deutsche Erziehungsanstalt«, die wenig später nach Keilhau verlegt wird, wo sie heute als »Freie Förderschule Keilhau – Sprachheiltherapeutisches Zentrum und Förderschule/Thüringen« fortbesteht. Fröbel heiratet Henriette Wilhelmine Hoffmeister aus Berlin. In Keilhau verfasst er nach 1820 sechs Werbeschriften für seine Privatschule, die Wochenschrift *Die erziehenden Familien* sowie sein Hauptwerk *Die Menschenerziehung* (1826). Bis 1831 leitet Fröbel die Anstalt. Dann geht er wieder in die Schweiz, eröffnet – stets im Kontakt mit Pestalozzi – eine Privatschule (Wartensee 1831) und wird 1833 Leiter der Erziehungsanstalt Willisau. Fröbel führt in dieser Zeit Lehrerfortbildungskurse durch und steht ab 1835 dem von Pestalozzi begründeten Waisenhaus mit Elementarschule in Burgdorf vor. Doch schon 1836 kehrt Fröbel nach Thüringen zurück und gründet Anfang 1837 in Blankenburg die »Anstalt zur Pflege des Beschäftigungstriebes für Kindheit und Jugend«; er produziert Spielmaterialien und entwickelt eine pädagogische Konzeption der frühen Kindheit. Im gleichen Jahr erscheinen seine Schriften *Erste* und *Zweite Spielgabe* sowie *Das Sonntagsblatt,* und Fröbel präsentiert den *Allgemeinen Deutschen Kindergarten.* 1844 werden die *Mutter- und Koselieder* veröffentlicht, eine Sammlung von Fingerspielen, Bildern und Versen für die Spielpflege mit Säugling und Kleinkind. Während der Märzrevolution 1848/49 wirbt Fröbel bei der Volksschullehrerschaft Thüringens für den Kindergarten als erste Stufe deutschen Bildungswesens. Die Lehrerschaft verabschiedet 1848 eine entsprechende Resolution an das Frankfurter Parlament. 1850 erscheint *Friedrich Fröbels Wochenschrift.* Als die Revolution scheitert und seine Kindergärten 1851 wegen Atheismusverdachts in Preußen verboten werden, ist Fröbel tief getroffen. Fröbel stirbt am 21. Juni 1852 in Marienthal.

Fröbel ging von der Annahme aus, pädagogische Praxis sei nicht per se in den Lebensprozessen gegeben. Vielmehr müssten ihre Handlungsansätze und Eingriffsmöglichkeiten durch eine sekundäre Ordnung – als Kunstlehre – erschlossen werden. Deren Notwendigkeit und Dringlichkeit schien Fröbel in der zunehmenden Unübersichtlichkeit der Lebensvorgänge seiner Zeit begründet. Er folgt dem Konzept der natürlichen Erziehung, des aktiven Kindes bei Rousseau, und dessen Umsetzung in den Reformschulen der Philanthropen. An Pestalozzis Pädagogik der Menschenerziehung und Elementarbildung orientiert sich Fröbel durchgängig. Und die neuhumanistische Bildungstheorie allseitiger Kräfteentfaltung prägt Fröbels Verständnis kindgemäßer Erziehung auf der Basis der Selbsttätigkeit der Heranwachsenden. Vor seinem persönlichen Hintergrund des frühen Verlusts der Mutter entwirft Fröbel den Beruf der Kindergärtnerin als professionelle Variante der Mutter. Darüber hinaus spielt die Beziehung zur Natur eine große Rolle in seiner Pädagogik. Kenntnisse der Naturgesetzlichkeit hatte er sich in seinem naturwissenschaftlichen Studium erworben.

Fröbels Pädagogik entspricht jedoch weder den theoretischen Ansprüchen der Aufklärungspädagogik noch der systematischen Linie der Pädagogik Herbarts; Fröbels Pädagogik legitimiert sich eher religiös-mystisch. Seine pantheistische Sphärenphilosophie – eine Vereinigung von Kosmologie, Anthropologie und Pädagogik – wird von Fröbel als Wissenschaft verstanden. Er geht davon aus, dass sich jedes Lebewesen als Kreatur Gottes »sphärisch« in »Einheit« und »Mannigfaltigkeit« entfaltet und auf seinen göttlichen Ursprung verweist. Kindergarten und Schule sollen das Kind bilden und ihm zu diesem Zustand der Rückbindung an den Ursprung verhelfen. Das Kind kann auf diese Weise mit einem göttlichen Gewächs, der Erzieher mit einem Gärtner verglichen werden. In Spiel und Analyse wird die allgemeine Gesetzlichkeit des Kosmos erkannt. Dazu verhelfen einfache, autodidaktische Spielmaterialien wie Ball oder Kugel, die in ihrer Begrenztheit und gleichzeitigen Ausdehnung nach vielen Seiten das Prinzip des Universums, die Polarität von Einheit und Mannigfaltigkeit, unmittelbar zum Ausdruck bringen. Weitere Spielmaterialien sind Würfel, Walze, flache Bauklötzchen, Legetäfelchen, Flecht- und Faltarbeiten. Klare Grundformen können nach Fröbel den Sinn für die in allen natürlichen Erscheinungen des Universums waltenden Gesetze am besten offenbaren. Durch die möglichst freie Beschäftigung mit diesen Materialien soll sich die Urgesetzlichkeit des Kosmos wie von selbst in die Seele des Kindes hineinbilden.

Fröbel vereint mit seinem Konzept der Spielpflege kognitive Förderung, soziales Lernen und emotionale pädagogische Zuwendung – die drei bis heute gültigen Säulen der Pädagogik in der Kindheit. Fröbels Kindergarten verurteilte die Einseitigkeit der Kinderbewahranstalten und Kleinkinderschulen seiner Zeit und rückte die Bedeutung von Erfahrungen des Spiels und der Zuwendung in der frühen Kindheit in den Blickpunkt. Die Aufhebung des Verbotes des Fröbel'schen Kindergartens erfolgte im Jahr 1860. Trotz der zehnjährigen Pause verbreitete sich der von Fröbel entwickelte Kindergartengedanke über Deutschland hinaus und wurde vertieft. Besonders in England und den USA wurde Fröbels Ansatz aufgegriffen und umgesetzt.

Literatur:

Fröbel, F.: Ausgewählte pädagogische Schriften. Hrsg. von J. Scheveling. Paderborn 1965

Frey, A.: Friedrich Fröbel und seine Pädagogik. Landau 2006

Ebert, S.: Fröbels Pädagogik und ihre Bedeutung für andere Fachgebiete. In: Kindergarten heute. Ausgabe 05/2003

DAS 19. UND 20. JAHRHUNDERT

Die historische Zäsur, die im 19. Jahrhundert eine Epoche der großen bildungsphilosophischen Entwürfe und staatlich kontrollierter Realisierungsversuche von der vollständigen Durchsetzung moderner Erziehungsverhältnisse trennt, wurde zwar schon seit 1840 vorbereitet und in den ideologischen Kämpfen von 1848 sichtbar, entfaltete aber erst um 1890 ihre ganze gesellschaftsgeschichtliche Dynamik: mit der Entstehung des Wohlfahrtsstaates, der bürgerlichen Parteien und Interessenverbände, der Frauenbewegung sowie der Herausbildung der Arbeiterbewegung und ihrer Organisationen. Zudem legten technologische Innovationen den Grundstein für neue

Fertigungsverfahren, insbesondere in der Chemie- und Elektroindustrie, wodurch ein weiterer Industrialisierungsschub ausgelöst wurde. Zunehmend traten jedoch auch Probleme in der subjektiven Bewältigung des sozialen Wandels zutage. Als solche Begleiterscheinungen der gesellschaftlichen Entwicklung von der Ständegesellschaft zur bürgerlichen Klassengesellschaft sind unter anderem Landflucht und Urbanisierung, Verarmung und Verelendung sowie soziale Aufstiegskämpfe zu nennen. Politisch wie ökonomisch stellte die zweite Hälfte des 19. Jahrhunderts auch insofern eine besondere Phase dar, als sich Kolonialismus und Imperialismus und die internationale Verflechtung der Staaten und Volkswirtschaften immer mehr ausweiteten. Mit jeweils individuellen Zielen operierten Staaten und Konzerne auf der Grundlage industrieller, arbeitsorganisatorisch geschaffener Voraussetzungen mit der Tendenz, weltweit Handelsniederlassungen und Monopolgesellschaften einzurichten. Tradierte Lebensverhältnisse wurden hierdurch rapide zersetzt. Ökonomische und soziale Entwicklungen gingen mit politischen Kämpfen und Auseinandersetzungen einher.

Erziehungsgeschichtlich bedeutet die Epoche des späten 19. Jahrhunderts in mehrfacher Hinsicht einen Neubeginn. Zunächst wird Erziehung ideologisch – im Spannungsfeld von Sozialismusangst und bürgerlichem Reformbestreben – zum Instrument, mit dem alle sozialen Lager die Zukunft der Gesellschaft in ihrem Sinne bestimmen wollen. Das zeigt sich in der Entstehung neuer Bildungsphilosophien ebenso wie in der empirischen Forschung über pädagogisch erzieherisches Handeln und kindliche Entwicklungsprozesse. Man hat es sich zur Aufgabe gemacht, die großen philosophischen Bildungsanschauungen des 18. und frühen 19. Jahrhunderts in wissenschaftstheoretischen Begriffen fortzubilden. Vor diesem Hintergrund entwickelt sich ein neuartiger Typus von Wissenschaft, die sogenannten Geisteswissenschaften (z. B. im Übergang zum 20. Jahrhundert Wilhelm Dilthey und Herman Nohl), als Erfahrungswissenschaften vom Menschen, der Gesellschaft und ihrer Geschichte. Es entstehen die historischen und empirischen Human- und Gesellschaftswissenschaften, womit ein neues Kapitel in der Wissenschaftsgeschichte aufgeschlagen wird. Die pädagogische Reflexion und Theoriebildung mündet in die geisteswissenschaftliche Pädagogik mit der Frage nach Struktur und Geschichtlichkeit gesellschaftlicher Lebenswelten im gleichzeitigen Bemühen um eine Hermeneutik des gelebten Lebens, der Suche nach den anthropologischen und psychologischen Voraussetzungen des Sich-selbst- und Einander-Verstehens realgeschichtlich existierender Subjekte. Mit diesen komplexen kulturgeschichtlichen Fragestellungen befasst sich auch die Pädagogik als praktische Wissenschaft. Mehrdimensional stellt sie die Frage: Wie gestalten die Menschen ihr Leben – handelnd, erlebend und verstehend? Gegenstand ist somit die Analyse individual-genetischer Bildungsprozesse des Subjekts neben der Durchdringung erzieherischer und unterrichtsspezifischer Problemstellungen.

Im Schulwesen entstehen in Konkurrenz zum humanistischen Gymnasium zunehmend Realschulen oder Realgymnasien, die sich dank ihrer Betonung von Naturwissenschaft und neueren Sprachen im Aufwind des Zeitgeistes schnell etablieren können. Einen großen Aufschwung verzeichnen in der zweiten Hälfte des 19. Jahrhunderts auch die Mädchenschulen. Ihre Entstehung verdankt sich insbesondere dem Einsatz von Helene Lange (1848–1930). Ihr Leben und Werk sind exemplarisch für die Bedeutsamkeit der Frauenbewegung im Hinblick auf das aufkommende Streben der Frauen zu einem gleichberechtigten Zugang zur Bildung.

Wechselvoller verhält es sich im 19. Jahrhundert mit der Entwicklung der Volksschule und der Lehrerseminare. Besonders die politische Entwicklung um 1850 bedeutete einen Rückschlag für das aufklärerische Emanzipationsstreben der Volksschulen, ihre Unabhängigkeit von den Kirchen und die Neuorientierung an den aufkommenden pädagogisch-psychologischen Wissenschaftsbereichen. In diesen schulpolitischen Auseinandersetzungen spielt Diesterweg eine entscheidende Rolle.

Im Bereich der Schulpädagogik lässt sich ein verstärktes Interesse an methodischen Fragen feststellen. Die Herbartianer (z. B. Tuiskon Ziller) bemühten sich seit den 1850er Jahren um eine für den Schulbetrieb handhabbare Umsetzung der Grundgedanken des Herbart'schen pädagogischen Systems. Dabei steht die Gesetzmäßigkeit der Erziehung jedoch viel stärker im Vordergrund als bei Herbart selbst.

Insgesamt wurde Erziehung im ausgehenden 19. Jahrhundert als immer wichtiger werdendes soziokulturelles Wirklichkeitsgebiet betrachtet.

Das zwanzigste Jahrhundert ist geprägt von Fortschritt und Erschütterung. Die schnell aufeinander folgenden Errungenschaften der Technik und Zivilisation werden erschüttert von kulturellen und politischen Krisen, zwei Weltkriegen und menschlichen Entartungen. Zu Beginn des 20. Jahrhunderts reagieren immer mehr Menschen ablehnend auf den Fortschrittsoptimismus, das bürgerliche Sicherheitsgefühl, die Großstadtkultur. Gerade für die Jugendbewegung ist die Sehnsucht nach der freien, unberührten Natur charakteristisch. Die neue Dynamik, die gegenüber dem 19. Jahrhundert entsteht, lässt sich mit den Gegensatzpaaren Vitalismus statt Mechanismus, Betonung des Irrationalen statt des Rationalismus fassen. Diese Tendenzen sind in der Philosophie, der Literatur und der Kunst (Entstehung des Expressionismus) zu beobachten. Die sich entwickelnde Reformbewegung bedeutet die Setzung eines neuen Geistes gegen pädagogischen Intellektualismus und Mechanismus, gegen Zerspaltung und Veräußerlichung von Erziehung, gegen die als autoritär und bürgerlich-eng empfundene Erwachsenenwelt, welcher der junge Mensch ausgeliefert ist. Die neuen pädagogischen Impulse werden zunächst in kleineren Kreisen bekannt, dann durch Schulversuche ausgedehnt, zu umfassenderen pädagogischen Lehren ausgeformt und finden nach 1918 schließlich Einzug in die Schulen. Hier sind z. B. die *Erziehung vom Kinde aus*, der Ansatz Maria Montessoris, aber auch die Arbeitsschulbewegung (Georg Michael Kerschensteiner), die Gründung der Waldorfschule (Rudolf Steiner) und auf internationaler Ebene Reformansätze unterschiedlicher Couleur (John Dewey, Anton Makarenko) anzusiedeln. Die Stabilisierung dieser Phase ist noch nicht abgeschlossen, als ab 1933 der Nationalsozialismus diesen Prozess unterbricht, ideologisch verformt oder vereinnahmt. Die Jahrzehnte nach dem Zweiten Weltkrieg zeigen einerseits bestimmte geistig-gesellschaftliche Anknüpfungen an die Zeit vor 1933 auf. Andererseits gibt es auch deutliche Abweichungen. Nach den inneren und äußeren Katastrophen während der Diktatur und des Weltkrieges ist keine optimistische Sicht auf den Menschen mehr möglich. An die enthusiastischen Vorstellungen von der Erziehung des Kindes zum gebildeten, vernunftbegabten und sittlich handelnden jungen Erwachsenen kann nicht einfach angeknüpft werden. Die Aufgaben der Erziehung und Bildung werden aus einer Notwendigkeit heraus wieder aufgegriffen, aber nicht verbunden mit der Zuversicht, Erziehung könne die Welt verbessern. Die immer unüberschaubarer werdenden und sich beschleunigenden Lebensverhältnisse, die wachsende Anonymität fordern zu einer rationalen Klärung heraus. Die Weiterentwicklung der Gesellschaft wird in Abhängigkeit gesehen von wissenschaftlichen Prognosen und Planungen. Auch für den Einzelnen wächst die Bedeutung von Bildung und Ausbildung, um in der Leistungsgesellschaft bestehen zu können. Die Demokratisierung zieht aber auch die Forderung nach der Erziehung zur Mündigkeit, einer Gleichheit der Bildungschancen und weiterer Reformansätzen in der Schulpolitik nach sich. Nicht zuletzt muss es auch um die Auseinandersetzung mit der eigenen Vergangenheit gehen und die Frage nach neuen Ansätzen der Verständigung mit dem Jüdischen Volk verfolgt werden (z. B. Martin Buber).

Die folgenden Porträts stellen exemplarisch die Vielfalt pädagogischer Ansätze dar, die das moderne Bildungswesen der letzten zwei Jahrhunderte entscheidend mitgeprägt haben.

Literatur:

Böhm, W.: Geschichte der Pädagogik. Von Platon bis zur Gegenwart. München 2004

Reble, A.: Geschichte der Pädagogik. 18. Auflage, Stuttgart 1995

FRIEDRICH ADOLPH WILHELM DIESTERWEG

(1790–1860)

Betrachtet man Leben und Werk Friedrich Adolf Wilhelm Diesterwegs, so wird deutlich, dass er rückblickend eine Art »Hoffnungsträger« für bestimmte berufs-, standes- und auch religionspolitische Bestrebungen verkörpert: Der Name Diesterweg steht für die Forderungen nach einer von Kirche befreiten Schule, für die Aufwertung des niederen Schulwesens sowie die Rechte und das Ansehen der Lehrer, besonders im Elementarschulbereich.

Diesterweg wurde am 29.10.1790 in Siegen als siebtes Kind einer Juristenfamilie geboren. Nach Abschluss der Schule studierte er Mathematik, Naturwissenschaften, Philosophie und Geschichte in Herborn, Heidelberg und Tübingen. In den Wirren der Kriegsjahre wendete er sich eher zufällig dem Lehrerberuf zu, zunächst ab 1811 als Hauslehrer in Mannheim, anschließend als Lehrer an verschiedenen Schulen in Worms und Frankfurt, unter anderem an der neu gegründeten Musterschule nach der Lehrart Pestalozzis in Frankfurt. Hier und während seiner Tätigkeit an der Lateinschule in Eberfeld zwischen 1818 und 1820 bekam er ersten Kontakt mit der pädagogischen Schule Pestalozzis sowie den Ideen der Philanthropen, die sein pädagogisches Denken prägten. Auch seine Einstellung zur Religion hatte in der Auseinandersetzung mit der Eberfelder Erweckungsbewegung ihre Wurzeln. Mit seiner Berufung zum Direktor des Lehrerseminars in Moers 1820 wurde er hauptamtlich in der preußischen Lehrerbildung tätig. Damit war der Grundstein für seine Entwicklung zu einer nicht unumstrittenen Leitfigur des modernen Lehrerberufs in Deutschland gelegt. Wesentliche Anliegen der Aufklärung kritisch aufgreifend, begann Diesterweg in Moers und ab 1832 als Leiter des Königlichen Seminars für Stadtschullehrer in Berlin seine publizistischen und essayistischen Tätigkeiten, die ihn schnell bekannt machten. Er ver-

fasste Bücher und Aufsätze, Entwürfe für die preußische Unter-
richtsverwaltung und war Herausgeber und Autor der von ihm
selbst gegründeten Zeitschrift *Rheinische Blätter für Erziehung
und Unterricht* (ab 1927). Als ein Hauptwerk ist der zweibändige
Wegweiser zur Bildung für deutsche Lehrer (1835) zu nennen. Hier
propagiert Diesterweg pädagogische Bildung des einzelnen
Lehrers sowie den Aufbau professioneller Kompetenzen. Seine progressiven Ideen stießen besonders bei den nach neuem
Ansehen strebenden Volksschullehrern auf offene Ohren. Diesterweg vertrat weiterhin die naturalistische Auffassung, dass
jeder Schüler Anlagen besitze, denen genügend Raum gegeben
werden müsse, damit sie sich entfalten könnten. Insofern plädierte er für eine wenig gelenkte Form der Erziehung, in der
auch der formalen Bildung – gegenüber der einer auf Anhäu-
fung von Wissen bestehenden materialen Bildung – der Vorzug
gegeben wurde. Weitere Aspekte seines pädagogischen An-
satzes sind das dialogische Unterrichtsprinzip sowie die Betonung der Individualität der Lehrkraft und seiner Methode. Allerdings konnten sich seine Vorstellungen auf politischer Ebene
nicht durchsetzen, da seit 1840 mit dem neuen König Friedrich
Wilhelm IV eine staatliche Reaktion einsetzte, begleitet von der
kirchlichen Neo-Orthodoxie. Diesterweg geriet immer mehr in
die Rolle des Außenseiters und wurde 1847 in den vorläufigen
Ruhestand versetzt. Auch die 48er-Revolution konnte nicht
dazu beitragen, seine Ideen dahingehend durchzusetzen, liberalere und demokratischere Strukturen im Unterrichtswesen zu
erwirken. Im Gegenzug fand die reaktionäre Schulpolitik in den
nach dem Ministerialbeamten Ferdinand Stiehl (1812–1872) be-
nannten *Stiehl'schen Regulativen* von 1854 einen gewissen Höhepunkt. Der Inhalt der Regulative bestand darin, die zunehmend
pädagogisch-psychologisch ausgerichtete Lehrerausbildung
wieder zu einer christlichen Grundausbildung zu korrigieren
und auf eine solche zu beschränken. Die angehenden Lehrer
sollten allein »zum einfachen und fruchtbringenden Unterricht
in der Religion, im Lesen und in der Muttersprache, im Schrei-
ben, Rechnen, Singen, in der Vaterlands- und der Naturkunde«
befähigt werden. Des Weiteren wurden die Unterrichtsgegen-
stände rigide eingeschränkt. So wurden beispielsweise die Inhalte
des Religionsunterricht auf Katechismus, Gesangbuchverse

(dreißig für die Volksschüler, fünfzig für die Präparanden und achtzig für die Seminaristen) sowie Bibelsprüche reduziert. Elementarbildung der Selbstständigkeit, des Denkens und der Aufklärung galt jetzt als Quelle von Aufruhr, Revolution und Demagogie. Gegen die Stiehl'schen Regulative sowie das dahinter stehende Weltbild anzugehen, galt Diesterwegs gesammeltes Engagement in dieser Zeit. So protestierte er gegen die Erlasse der Regulative dreimal im Rahmen einer Anhörung im Landtag – jedoch ohne Erfolg. Hier zeigt sich besonders, dass Diesterweg zeitlebens keine Auseinandersetzungen über pädagogische Streitfragen sowie staatliche Bildungspolitik scheute. In der preußischen Regulative sah er die Absage an die Entwicklung eines modernen Bildungssystems und einer wissenschaftlich fundierten Lehrerausbildung.

In einem Aufsatz von 1852, *Kirchenlehre oder Pädagogik?*, wurde seine Kritik an der Verquickung von Kirche und Schule bereits deutlich, auch bezogen auf den kirchlich-katechetisch geprägten schulischen Religionsunterricht der damaligen Zeit. Inhaltlich distanzierte sich Diesterweg, wie zuvor schon Rousseau und die Philanthropen, von der Erbsündenlehre: »Der Fundamentalsatz biblischer Theologen: ‚Da der Mensch von Natur nichts nütze und zu allem Bösen geneigt sei' – darf in der Erziehung nicht berücksichtigt werden. Er würde sehr verderblich wirken.« Die Haupttendenz des Christentums sah Diesterweg demgegenüber »in der Erstrebung der höchsten Sittlichkeit, des moralischen Ideals«. Diesterweg forderte demzufolge eine klare Trennung zwischen Kirche und Staat, was Forderungen nach der Selbstständigkeit der Schule, ihrer Befreiung »von der Beaufsichtigung durch Nicht-Sachkenner« – also namentlich der Kirche – implizierte. Zudem machte er sich stark für eine praktischere Ausbildung der Lehrer und angemessene Bezahlung, er drängte auf freie Fortbildungseinrichtungen sowie freie Vereine für Lehrer. Aus dem schulischen Unterricht seien konfessionelle kirchliche Prägungen und konfessionelle Differenzen herauszuhalten. So betonte er 1848: »Der konfessionell-dogmatische Unterricht (…) ist der Alp, der auf den Schulen lastet (…).« Das Religiöse sollte nach Diesterweg eher als vernunftgemäße und sittliche Christlichkeit ihren Platz im Erziehungsprozess in der Schule haben, die in primär pädagogischer Verantwortung liegen sollte.

Seit 1858 war Diesterweg als Mitglied der Fortschrittspartei Abgeordneter im Reichstag. Bis zu seinem Tod in Berlin am 7.7.1866 in Folge der Cholera konnte Diesterweg jedoch keine einschneidenden Veränderungen der von ihm bekämpften Verhältnisse mehr erleben.

Literatur:

Diesterweg, F. A. W.: Wegweiser zur Bildung für deutsche Lehrer. Hrsg. von K. Richter. Frankfurt/M. 1907

Geißler, G.; Rupp, H. F. (Hrsg.): Diesterweg zwischen Forschung und Mythos. Texte und Dokumente zur Forschungsgeschichte. Neuwied 1996

Tenorth, H.-E.: Schulmänner, Volkslehrer und Unterrichtsbeamte: Friedrich Adolph Wilhelm Diesterweg, Friedrich Dörpfeld, Friedrich Dittes. In: Ders. (Hrsg.): Klassiker der Pädagogik, Bd. I: Von Erasmus bis Helene Lange. München 2003, S. 224–245

TUISKON ZILLER

(1817–1882)

Tuiskon Ziller, der wahrscheinlich wirkungsvollste Schüler Herbarts und daher zur Gruppe der »Herbartianer« zu zählen, wurde am 22.12.1817 in Wasungen im Herzogtum Sachsen-Meiningen geboren. Sein Studium in Leipzig in den Jahren 1837 bis 1841 umfasste die Fächer alte Sprachen (Philologie), Germanistik, Philosophie und Psychologie, wobei er sich zwar mit der Lehre Herbarts auseinandersetzte, Herbart als Universitätslehrer aber wohl selbst nie hörte. Im Anschluss an das Studium unterrichtete Ziller zwischen 1842 und 1847 am Gymnasium in Meiningen. Es schlossen sich Jahre eines weiteren Studiums in Leipzig – besonders der Rechtswissenschaften – an, bevor sich Ziller 1853 an der Universität Leipzig für Rechtsphilosophie habilitierte. Ab 1854 vertrat er auch das Fach Pädagogik, in dem er als Privatdozent erste Vorlesungen hielt. 1863 wurde er zum außerordentlichen Professor an der Universität Leipzig berufen. Herbarts pädagogische Grundsätze aufgreifend, gründete er 1861 in Leipzig ein Pädagogisches Seminar zur schulpraktischen Ausbildung von

Lehramtsstudenten. Um eine Theorie-Praxis-Verzahnung in der Ausbildung zu ermöglichen, entstand 1862 eine an das Seminar angeschlossene Übungsschule. Auf Zillers Initiative hin wurde zudem 1868 der *Verein für wissenschaftliche Pädagogik* gegründet. Mit mehreren Publikationen sorgte Ziller für eine größere Verbreitung der Unterrichtskonzeption der Herbartianer im Schulwesen. Zu nennen sind das von ihm herausgegebene *Jahrbuch des Vereins für wissenschaftliche Pädagogik* (1869–1881) sowie seine beiden Hauptwerke *Grundlegung zur Lehre vom erziehenden Unterricht* (1865) und *Vorlesungen über allgemeine Pädagogik* (1876). In Letzterem findet eine kritische Auseinandersetzung mit der Herbart'schen Pädagogik und eine Neuorientierung statt. Ziller wirft Herbart vor, »in seiner Theorie (…) die religiöse Sache nicht genug hervorgehoben« zu haben. Weitere Werke Zillers: *Einleitung in die allgemeine Pädagogik* (1856) und *Die Regierung der Kinder* (1857). Seine letzte Veröffentlichung ist die *Allgemeine philosophische Ethik* (1880). Am 20.4.1882 starb Ziller in Leipzig.

Die Herbartianer, zu denen neben Ziller auch Karl Volkmar Stoy (1815–1885) und Wilhelm Rein (1847–1929) zählen, entwickelten Herbarts Didaktik weiter. Herbarts Ansatz des erziehenden Unterrichts und die von Herbart vorgenommene Unterscheidung von Vertiefung und Besinnung im Unterricht wurde bei den Herbartianern zu einem fest gefügten Raster, der Formalstufentheorie. Diese Theorie war für die Seminarausbildung der preußischen Volksschullehrer konzipiert. Der Unterrichtsprozess wurde jetzt in fünf Phasen gegliedert: Analyse, Synthese, Assoziation, System und Methode. Wilhelm Rein nannte sie: Stufe der Vorbereitung, der Darbietung, der Verknüpfung, der Zusammenfassung und der Anwendung. Damit wurden die bei Herbart noch aufs Vielfältigste ineinander verschachtelten Vertiefungs- und Besinnungsphasen des Unterrichts zu einer formalen Technik des Haltens von Lektionen, wobei den Lehrenden und Lernenden feste Rollen zugewiesen wurden. Der Unterricht und sein Ergebnis sollte somit »determinierbar« gemacht werden. Die im Umfeld der Herbartianer entstandenen Unterrichtsbeispiele geben auf das Genaueste an, welche Fragen der Lehrer in welcher Phase des Unterrichts zu stellen hat und welche Antworten der Kinder darauf zu erwarten sind. Die Herbart'sche Idee der verweilenden Vertiefung in den Lehrgegenstand wird somit abgelöst von einem linearen Fortschrittsglauben, der eine kontinuierliche Steigerung des Leistungsniveaus der Schüler annahm. In jeder Stufe müssen jeweils Aufgaben mit höherer und abstrakterer Lernleistung erbracht werden. Für die Volkslehrer war das Formalstufensystem jedoch vor allem hinsichtlich der Professionalisierung ihres Berufsstandes von entscheidender Wirkung. So entstand nun das Bewusstsein, eine eigene Berufswissenschaft zu besitzen, die es ermöglichte, nicht nur »Schule zu halten«, sondern wissenschaftlich legitimiert zu unterrichten.

Eine weitere Theorie, die Ziller und die Herbartianer entwickelten, war die sogenannte Kulturstufentheorie. Dabei wurde das genetische Prinzip Herbarts zu einem Parallelismus von der Entwicklung und Reifung des individuellen Menschen (Ontogenese) und der Phylogenese, also der Stammesgeschichte des Menschen verhärtet. Die Kulturstufentheorie praktizierte demnach eine Wiederholung der menschlichen Kulturgeschichte im schulischen Unterricht, was auch als biogenetisches Grundgesetz bezeichnet wurde. Das Lebensalter der Schüler wurde folglich mit dem historischen Alter der Bildungsinhalte verknüpft. In der ersten Klasse sollten Adam und Eva behandelt werden, dann schlossen sich die Märchen und Robinson Crusoe an. In der Mittelstufe sollte das Mittelalter und in der Oberstufe die Neuzeit zum Thema gemacht werden. Mit Schulende sollte dann die Reichsgründung im Jahre 1871 behandelt worden sein.

Als dritter Schwerpunkt der Ziller'schen und herbartianischen Pädagogik ist das Konzentrationsprinzip zu nennen. Dabei handelt es sich um einen Kriteriensatz, der Lehrplanentscheidungen gewichtete, um das Sittliche im Bildungsprozess zu verankern. Gegenüber der »freien sittlichen Persönlichkeit« als Ziel der Pädagogik Herbarts betont Ziller die Person Jesu Christi als »absolutes« Erziehungsziel. In Zillers Lehre vom »erziehenden Unterricht« dominiert also neben der Kulturstufentheorie die religiös-sittliche Ausrichtung aller Unterrichtsthemen. Der interessenbetonte Unterricht Herbarts wird mittels dieser »Konzentration« umgestaltet zum gesinnungsbildenden Unterricht.

Literatur:

Ziller, T.: Einleitung in die allgemeine Pädagogik. Leipzig 1856, 21901

Ders.: Die Regierung der Kinder. Leipzig 1857

Meyer, H.: Unterrichtsmethoden. I: Theorieband. 5. Auflage, Frankfurt/M. 1987

Reble, A.: Geschichte der Pädagogik. 18. Auflage, Stuttgart 1995

WILHELM DILTHEY

(1833–1911)

Das weite philosophische und einzelwissenschaftliche Gesamtwerk Diltheys ist zusammengenommen der stetige Versuch, gegenüber den dominierenden Naturwissenschaften den Geisteswissenschaften zu einer klaren Methode, der Methode des Verstehens, und zu neuem Selbstbewusstsein zu verhelfen. In dieser Dimension hat Dilthey auch die Pädagogik der Folgezeit beeinflusst.

Wilhelm Dilthey wurde am 19. November 1833 als Sohn eines Pfarrers in Biebrich am Rhein (heute Stadtteil von Wiesbaden) geboren. Die Epoche der deutschen Klassik und Romantik geht dem Ende entgegen, ebenso die Goethe-Zeit. Diltheys Todesjahr fällt bereits in die Endphase der Wilhelminischen Ära; der Erste Weltkrieg kündigt sich an. Die technische Zivilisation hat ihre Erfindungen über die ganze Welt verbreitet und damit ebenso Heil wie Unheil begünstigt.

Vor diesem Hintergrund entfalten sich Leben und Denken Diltheys. Während seiner Jugendzeit wird das *Kommunistische Manifest* von Karl Marx veröffentlicht, und die Märzrevolution von 1848 in Preußen und Österreich hinterlässt ihre Spuren. Als Dilthey 1852 sein Studium der Theologie und Philosophie aufnimmt, herrscht in Deutschland die Reaktion. Kritischen Professoren wird die Lehrerlaubnis entzogen; Arbeitervereine werden verboten. In Diltheys Studium (Heidelberg und Berlin) treten die theologischen Bezüge zurück zugunsten historischer Fragestellungen. Das Problem der Geschichtlichkeit allen menschlichen

Handelns und Bewusstseins macht Diltheys zu seinem Thema.
Nach den Examina 1856 tritt er folglich nicht in den kirchlichen
Dienst; doch auch zum gymnasialen Schuldienst fühlt er sich
nicht berufen. Stattdessen schreibt er Zeitungsartikel und ver-
fügt als Privatlehrer über ein mäßiges Einkommen. Er widmet
sich Schleiermachers Bildungsbegriff sowie theologischen und
philosophischen Fragestellungen des frühen Christentums – und
bereitet die Entwicklung seiner Hermeneutik vor, in Fortführung
der Lehre des Verstehens menschlichen Daseins, der Auslegung
von Texten und Kunstwerken. Dilthey promoviert und habilitiert sich 1864 mit Arbeiten über Schleiermachers Ethik. An der
Universität Basel erhält er 1867/68 eine Professur, und im Win-
ter 1868/69 nimmt Dilthey einen Ruf an die Universität Kiel an.
Dilthey widmet sich literarisch dem Werk und Leben Schleiermachers und vollendet den ersten Band seiner Biographie *Das
Leben Schleiermachers* (1870). Zugleich arbeitet Dilthey an seinem
Grundlagenwerk der Wissenschaften vom Menschen. Dilthey
wechselt an die Universität Breslau, wo er mehr als zehn Jahre
lehrt (1871–1882) und die *Einleitung in die Geisteswissenschaften*
ausarbeitet: ein bedeutsames Werk für diesen Wissenschaftsbe-
reich und zugleich Diltheys Grundlagenwerk. Von 1883 bis 1908
hat Dilthey eine Professur an der Berliner Universität inne.

Diltheys Grundlagenwerk *Einleitung in die Geisteswissenschaften* erscheint 1883. Darin erneuert Dilthey das alte Programm der praktischen Philosophie auf der Basis erfahrungs-
wissenschaftlicher Theorie mit dem Begriff »Lebenswelt« als
dem Theorem des Wissens von Gesellschaft und Geschichte.
Lebenswelt bezeichnet vor allem die alltägliche Wirklichkeits-
erfahrung eines verlässlichen, soziale Sicherheit und Berechen-
barkeit bietenden primären Handlungszusammenhangs. Dilthey ermöglicht mit dem Lebensweltbegriff ein philosophisches
Verfahren, innerhalb dessen pädagogische Interaktionen neu
bewertet bzw. analysiert werden. In der ersten Hälfte des 20.
Jahrhunderts – bis zu Beginn des Nationalsozialismus – wurde der Begriff der Lebenswelt durch das Frankfurter Institut
für Sozialwissenschaften und dessen philosophische Richtung,
die Kritische Theorie, weiterentwickelt und in den 1960er Jahren insbesondere von Jürgen Habermas erneut aufgegriffen. In
der Habermas'schen Theorie des Kommunikativen Handelns

ist – aus der Perspektive handelnder Subjekte – die alltägliche
Lebenswelt der Ort des Handelns. Pädagogisches Handeln ist
als soziale Situation zu betrachten, die an sich einen Ausschnitt
der Lebenswelt darstellt und aufgrund von Interessen und
Handlungszielen auf ihre Sinngehalte hin rekonstruierbar ist.
Dilthey betrachtete konkrete gesprochene und niedergeschrie-
bene Texte, die Menschen in allen erdenklichen Lebenssituationen produzieren. Texte, seien es Briefe, Protokolle, literarische
Erzeugnisse, alltägliche Notizen, sind Ausdruck einer spezifischen Individualität, die von sprach- und handlungsfähigen
Individuen nachvollzogen werden können (sofern sie schriftlich
vorliegen oder auch als mündliche Überlieferung protokolliert
wurden). Mit seiner Hermeneutik als Lehre des Verstehens sind
die Geisteswissenschaften zu Diltheys Lebzeit im Aufstieg begriffen und nicht geringer zu bewerten als die Naturwissenschaften.

Dilthey legt eingehend dar, dass soziale und pädagogische
Problemstellungen nur durch Erkenntnis der Ursachen aufgelöst werden können. 1882/83 betreibt er in Berlin umfassende
Studien, unter anderem auf den Gebieten der Erkenntnistheorie, Anthropologie und Psychologie. Basierend auf dem Zusammenhang von Erlebnis, Ausdruck und Verstehen konzipiert er
die hermeneutische Geisteswissenschaft. Diese baut nicht darauf auf, flüchtige Zufälligkeiten, sondern »dauernd fixierte Le-
bensäußerungen« zu verstehen, weshalb die Hermeneutik als
Methodik ein wesentliches Feld im unmittelbaren Erfassen der
Erziehungswirklichkeit innehat. Diltheys Analyse der geschichtlichen Formen und Typen der Weltanschauung, sein Werk *Aufbau der geschichtlichen Welt in den Geisteswissenschaften* (1910), bildet den Übergang von den Begründungsversuchen der Theorie
der Geisteswissenschaften zur Logik geisteswissenschaftlicher
Forschung. Dilthey kann seine Forschungen allerdings nicht
zu einem theoretischen und systematischen Abschluss bringen;
sein plötzlicher Tod reißt ihn aus seinen Arbeiten und überantwortet seinen Freunden und Schülern einen bis heute nicht annähernd ausgewerteten schriftlichen Nachlass.

Hinsichtlich der Analyse von Unterricht und Erziehung, der entsprechenden Institutionen und Verfahrensweisen sowie ihrer Bedeutung für das Erwachsenwerden und der gesellschaftlichen Funktion von Erziehung hat Dilthey verschiedene Zugänge ausgeführt. So versteht Dilthey Erziehung als eine Funktion der Gesellschaft, welche die künftige Existenz des Kindes und Jugendlichen in zweifacher Weise antizipiert: So soll (1.) die Entwicklung der individuellen Persönlichkeit ermöglicht werden, um (2.) der Gesellschaft im Ganzen einen höchsten Grad von Leistungskraft zu verschaffen. Nach Dilthey ist Erziehung definiert als planmäßige Tätigkeit, durch die Erwachsene das Seelenleben von Heranwachsenden zu bilden suchen. Dilthey bezieht sich dabei auf die Tatsache, dass der Mensch eine naturgemäße Entwicklung durchläuft, die über Erfahrung und Umgang, Lernen und Gebildetwerden geformt werden kann. Dilthey zufolge handelt es sich bei dieser Entwicklung um einen Prozess zunehmender Differenzierung des menschlichen Fühlens, Wollens und Denkens. Im Zuge einer gelungenen Persönlichkeitsentwicklung werden die heterogenen psychischen Akte in einen Strukturzusammenhang gebracht, der in seiner Wechselwirkung von (Selbst-)Erfahrung und Lebensbewältigung zielgerichtet ist. An der Zielgerichtetheit muss sich planmäßiges pädagogisches Handeln orientieren – zur Ausformung des Persönlichkeitsprofils, des Habitus, den Dilthey Bildung nennt. Dilthey selbst sah seinen Beitrag zur modernen Erziehungswissenschaft darin, das Problem des Wissenschaftscharakters der Pädagogik zu präzisieren, sowohl in der Hinwendung zu den Erfahrungswissenschaften vom Menschen, der Gesellschaft und der Geschichte als auch in der Begründung der Pädagogik auf empirische Anthropologie und Psychologie. Dilthey lieferte damit einen bis heute gültigen Entwurf der Pädagogik als theoretische und systematische Wissenschaft.

Literatur:

Dilthey, W.: Gesammelte Schriften. Bd. V, Stuttgart 1961

Bollnow, O. F.: Dilthey. Eine Einführung in die Philosophie. Schaffhausen 1980

Oelkers, J.; Adl-Amini, B. (Hrsg.): Pädagogik, Bildung und Wissenschaft. Zur Grundlegung der geisteswissenschaftlichen Pädagogik. Bern, Stuttgart 1975

HELENE LANGE

(1848–1930)

Helene Lange kann durchaus als führende Kraft des gemäßigten Flügels der frühen Frauenbewegung bezeichnet werden. Sie widmete sich vor allem der Verbesserung der Bildungsmöglichkeiten für Mädchen und Frauen, um auf diesem Wege die staatsbürgerliche und politische Unausgeglichenheit zwischen den Geschlechtern zu überwinden.

Helene Lange kam am 9.4.1848, im Jahr der Märzrevolution, in Oldenburg zur Welt. Sie erlebte eine behütete Kindheit, die höchstens von den ihr verhassten Handarbeitsstunden getrübt wurde. Das Problem der Geschlechterdifferenz beschäftigte sie allerdings schon als Kind. »Warum ich nicht mein Bruder sei und mein Bruder nicht ich, war eines der ersten philosophischen Probleme, in die mein Kinderkopf sich hineinbohrte. Aber die reale Tatsache ließ sich nicht umstoßen: ich war ich und wuchs auf zwischen zwei Brüdern, als ‚Koopmanns Dochter' (…)« berichtet Lange in ihren Lebenserinnerungen.

Zunächst besuchte sie eine kleine Privatschule, anschließend die höhere Töchterschule. Ihre Schulzeit betrug zehn Jahre, was für die Töchter des Mittelstandes in der zweiten Hälfte des 19. Jahrhunderts üblich war. 1864 starb der Vater, so dass Helene Lange Vollwaise wurde, da sie ihre Mutter bereits im Alter von sieben Jahren verloren hatte. In einem evangelischen Pfarrhaus in Süddeutschland verbrachte sie ein Jahr »Pensionszeit«, letztlich eine Art »Wartezeit« bis zur Ehe – die Helene Lange jedoch nie einging. Die Atmosphäre im Hause des Pastors Max war liberal, es wurden theologische und philosophische Gespräche geführt. Allerdings musste Lange die Erfahrung machen, dass ihre Beteiligung an solchen Diskursen nicht erwünscht war: Frauen hätten zu schweigen, wenn »kluge Männer sprechen«. Eine weitere Lebenserfahrung Langes ist exemplarisch für die

Situation von (jungen) Frauen im ausgehenden 19. Jahrhundert: Nach ihrem Jahr in Württemberg regte sich in ihr der Wunsch, das Lehrerinnenexamen abzulegen. Da sie aber verwaist war, hatte ihr Vormund darüber zu entscheiden. Er lehnte ihr Ansinnen mit der Begründung ab, »das habe noch nie jemand im Oldenburger Land getan«, so berichtet Lange in ihren Lebenserinnerungen. Lange setzte jedoch durch, für ein Jahr in einem französischen Mädchenpensionat Deutschunterricht erteilen zu dürfen und auf diesem Wege ihre eigenen Französischkenntnisse zu erweitern. Erst mit ihrer Volljährigkeit konnte sie ihr eigentliches Ziel verwirklichen, indem sie nach vier Hauslehrerinnenjahren 1871 nach Berlin zog und dort ein Jahr später das Lehrerinnenexamen absolvierte.

Berlin war damals der Ausgangspunkt vieler Aktivitäten der sich konsolidierenden Frauenbewegung. So z. B. der 1866 gegründete Letteverein, benannt nach dem ersten Vereinsvorsitzenden, der sich für die Förderung der Erwerbstätigkeit des weiblichen Geschlechts, besonders im gewerblichen und hauswirtschaftlichen Bereich, einsetzte. Helene Lange fand rasch Zugang zu dem Umfeld der Berliner Frauenbewegung und gehörte vor allem dem Kreis um Henriette Schrader-Breymann, einer Nichte Friedrich Fröbels, an. Diese hatte 1872 das Pestalozzi-Fröbel-Haus ins Leben gerufen, in dem Kindergärtnerinnen ausgebildet wurden, aber auch eine allgemeinbildende Mädchenerziehung stattfand. Lange selbst unterrichtete seit 1875 an der Crainschen Höheren Mädchenschule, unter anderem auch die Klasse des Lehrerinnenseminars. Von Anfang an engagierte sie sich als Mitautorin in der von Marie Louise Loeper-Housselle 1885 gegründeten Lehrerinnenzeitschrift *Die Lehrerin in Schule und Haus.*

Nimmt man Helene Langes erste wichtige Schrift in den Blick, so ist diese als öffentlich-politisches Eintreten für die Verbesserung der Mädchenbildung zu würdigen. In *Die höhere Mädchenschule und ihre Bestimmung (»Gelbe Broschüre«), Begleitschrift zu einer Petition an das preußische Unterrichtsministerium und das preußische Abgeordnetenhaus* (1887/1888) stellt sie heraus, dass männliche Lehrer die »menschlich-weibliche« Seite der Mädchen nicht bilden könnten. Gleichzeitig sieht sie in der »Mütterlichkeit« (nicht zu verwechseln mit Mutterschaft) der Frau eine besondere Befähigung zum Erziehen und Unterrichten und gleichzeitig die Chance, die Fehlentwicklungen der männlich-dominierenden Gesellschaft aufzubrechen. Deshalb sei es nur konsequent, die Einbeziehung von Lehrerinnen auch an der Höheren Schule, gerade in den Fächern Deutsch und Religion, sowie die Einrichtung wissenschaftlicher Ausbildungsstätten für angehende Lehrerinnen zu fordern.

Um die Bildungsinteressen von Frauen tatsächlich durchzusetzen, nämlich den Zugang zur akademischen Bildung für Frauen zu erwirken und die Professionalisierung des Lehrerinnenberufs zu forcieren, gründete Lange 1890 zusammen mit Marie Louise Loeper-Housselle in Friedrichrode den *Allgemeinen Deutschen Lehrerinnenverein* (ADLV) sowie drei Jahre später die Zeitschrift *Die Frau*. Während Lange zwar die Unterschiedlichkeit der Geschlechter, aber die Gleichheit ihres Wertes betonte, wendete sie sich entschieden gegen den Gedanken, Mädchen würden in ihren Verstandesleistungen denen der Jungen unterlegen sein.

Langes Engagement ist es auch zu verdanken, dass 1889 unter dem Dach des Wissenschaftlichen Zentralvereins in Berlin Realkurse für Frauen entstanden, in denen auch Mathematik und Latein unterrichtet wurden. Daraus entwickelten sich 1893 unter Langes Mitarbeit vierjährige Gymnasialkurse, so dass drei Jahre später die ersten sechs Absolventinnen das Abitur ablegen konnten. Offiziell beauftragt durch das preußische Kultusministerium, wirkte Lange an der preußischen Mädchenschulreform, beispielsweise an den Abschlussberatungen für die Reform bzw. Neuordnung des höheren Mädchenschulwesens, mit. All ihre Aktivitäten machen deutlich, dass es Helene Lange fern lag, Ansprüche über Demonstrationen oder Flugblätter einzufordern. Vielmehr gestaltete sie ihr Engagement für die Frauenbewegung als konkrete praktische Mitarbeit bei der Veränderung von Strukturen.

Helene Langes Begegnungen mit der Lehrerin Gertrud Bäumer (1873–1953) im Jahre 1898 entwickelten sich zu einer mehr als drei Jahrzehnte andauernden Lebensgemeinschaft, die von dem gemeinsamen intensiven Engagement für die Frauenvertretung geprägt war. Lange, die durch eine Sehbehinderung beeinträchtigt war, wurde von ihrer Lebensgefährtin intensiv unterstützt. Beide Frauen nahmen Führungspositionen in verschiedenen Organisationen der Frauenbewegung ein und gaben 1901/1902 zusammen das vierbändige *Handbuch der Frauenbewegung* heraus.

Mit dem Reichsvereinsgesetz von 1908 wurde es Frauen ermöglicht, einer politischen Partei beizutreten. Wie viele ihrer Mitstreiterinnen trat Lange der Freisinnigen Vereinigung Friedrich Naumanns bei. Die sich ausbreitenden nationalistischen Tendenzen vor dem Ersten Weltkrieg machten auch vor Teilen der Frauenbewegung nicht halt. So vertrat Lange die Einrichtung einer nationalen Dienstpflicht für Frauen, allerdings nur unter der Bedingung, dass auch Frauen die volle Staatsbürgerschaft erhalten sollten. Diesen rechtlichen Status erhielten Frauen jedoch erst 1918. Hieran wird deutlich, dass sich Langes Forderung nach einer verbesserten Mädchen- und Frauenbildung nicht nur auf den rein persönlichkeitsbildenden oder ökonomischen Aspekt beschränkte.

Da Gertrud Bäumer 1916 die Leitung der neu gegründeten Sozialen Frauenschule in Hamburg übernahm, zog Lange mit ihr an die Alster. Im Zuge der Reichsgründung 1918 kandidierte Lange als Mitglied der Deutschen Demokratischen Partei für die erste Hamburger Bürgerschaft und konnte diese 1919 als Alterspräsidentin eröffnen. Zurück in Berlin, wo Bäumer in den Reichstag gewählt und 1920 in der Kulturabteilung im Reichsministerium des Inneren ihr Amt als Ministerialrätin antrat, widmete sich Lange in ihren letzten Lebensjahren Publikationen im bildungs- und frauenpolitischen Bereich und befasste sich mit der Herausgabe ihrer gesammelten Schriften, die 1928 erschienen. Im gleichen Jahr wurde sie zur Ehrenbürgerin ihrer Geburtsstadt Oldenburg ernannt und erhielt die Ehrendoktorwürde der Universität Tübingen, bevor sie 1930 im Alter von 82 Jahren starb.

Neben der großen Bedeutung ihres Gesamtwerkes ist darauf hinzuweisen, dass Helene Lange durch ihr Wirken und ihre Stellungnahmen in Bezug auf die Verschiedenheit der Geschlechter eine Diskussion eröffnet hat, die sich bis in moderne Untersuchungen, beispielsweise zur weiblichen Moralentwicklung

(Carol Gilligan), hinein verfolgen lässt. Dass sie auch für den schulpädagogischen Bereich als Vorbild gilt, zeigt sich letztlich darin, dass etliche deutsche Gymnasien nach ihr benannt sind.

Literatur:

Lange, H.: Lebenserinnerungen. Berlin 1921.

Lange, H.; Bäumer, G. (Hrsg.): Handbuch der Frauenbewegung. 4 Bde., Berlin 1901f

Jacobi, J.: Helene Lange (1848–1930). In: Tenorth, H.-E. (Hrsg.). Klassiker der Pädagogik, Bd. I: Von Erasmus bis Helene Lange. München 2003, S. 199–215

Matthes, E. Hopf, C.: Helene Lange und Gertrud Bäumer. Ihr Beitrag zum Erziehungs- und Bildungsdiskurs vom Wilhelminischen Kaiserreich bis in die NS-Zeit. Kommentierte Texte. Bad Heilbrunn 2003

PAUL NATORP

(1854–1924)

Paul Natorp war während des Kaiserreiches und der frühen Weimarer Republik der entscheidende Theoretiker der Sozialpädagogik, dessen Schriften vielfach gelesen, jedoch bereits zu seinen Lebzeiten teilweise trivialisiert wurden.

Als Angehöriger der Übergangsepoche kann er partiell auch als Vertreter der Reformpädagogik gelesen werden, der sich mit der aufkommenden Jugendbewegung Ende des 19. Jahrhunderts auseinandersetzte. Er bewertete sie grundsätzlich positiv, kritisierte jedoch antisemitische Strömungen innerhalb der Bewegung.

Als zentral können jedoch seine theoretischen Differenzierungen hinsichtlich der Begriffe »Sozialpädagogik« und »Gemeinschaft« gelten.

Am 24. Januar 1854 wurde Paul Natorp in Düsseldorf als Sohn eines evangelischen Pfarrers geboren. Hier erlebte er die Tradition evangelischer Frömmigkeit. Zugleich dürfte ein deutliches Bewusstsein für soziale, politische und pädagogische Fragen das Denken und die Gespräche im Elternhaus geprägt haben. So ist schon Natorps Urgroßvater, Ludwig Natorp (1774–1846), neben Wilhelm von Humboldt (1767–1835) und Johann Wilhelm Süverns (1775–1829) zu den preußischen Bildungsreformern zu zählen und durch diverse pädagogische Schriften bekannt geworden. Im Jahr der Reichsgründung 1871 begann Natorp sein Studium der Fächer Musik, Geschichte, klassische Philologie und Philosophie. Stationen seines Studiums waren Berlin, Bonn und Straßburg. 1876 promovierte er bei dem Positivisten Ernst Laas (1837–1885) mit einer auf Latein verfassten geisteswissenschaftlichen Arbeit. Vier Jahre lang arbeitete Natorp als Hauslehrer, bevor er 1880 Hilfsbibliothekar in Marburg wurde. In dieser Zeit wandte sich Natorp dem Neukantianismus Hermann Cohens (1842–1918) zu, bei dem er sich 1881 mit einer Abhandlung zur neuzeitlichen Erkenntnistheorie (Descartes, Galilei, Hobbes) habilitierte. Ebenso prägend wie die Ethik Cohens waren für Natorp zuvor die Schriften Friedrich Albert Langes (1828–1875), der eine liberale Geisteshaltung vertrat und ihm einen Zugang zur sozialen Frage eröffnete. Natorps Ansicht, »dass die wirtschaftlichen und politisch-sozialen Missstände der Zeit nur durch eine sozialistische Gesellschaftsreform zu beheben« seien, fand sich hier bestätigt. In den Jahren als Privatdozent, als außerordentlicher Professor (seit 1886), Dozent für pädagogische Lehrveranstaltungen (seit 1890) und Inhaber der Marburger Philosophieprofessur (seit 1893) entstand ein zunehmend systematisch gestaltetes philosophisch-pädagogisches Werk, so dass Natorp neben Cohen als führende Persönlichkeit des Marburger Neukantianismus bezeichnet werden kann. Des Weiteren trat Natorp gegen »Klassenvorrechte« im Bildungswesen ein. Auch mit seiner Forderung nach einer Schulpflicht bis zur sechsten Klasse sowie nach einer Trennung von Kirche und Staat beteiligte sich Natorp an der bildungspolitischen Diskussion der Kaiserzeit, ohne sich parteipolitisch zu binden.

Seit 1887 war Natorp mit seiner Cousine Helene Natorp verheiratet, mit der er fünf Kinder hatte. Auch während der Kriegsjahre 1914 bis 1918 publizierte Natorp. Der emotionale Charakter der Schriften und die patriotische Grundstimmung wurden später zwiespältig beurteilt. Nach dem Krieg unterstützte Natorp die Demokratie und Republik, was eine Ausnahme in den Reihen der Professorenschaft darstellte. Als Reformtheoretiker war Natorp unter der Lehrerschaft bekannt und anerkannt. Er beteiligte sich 1920 auch an der Reichsschulkonferenz, wo er für ein Bildungssystem plädierte, das »nicht bloß für eine schmale Schicht hochbevorzugter Auserlesener«, sondern »für alle« offen sein sollte. Im Alter wandte sich Natorp dann wieder stärker theologisch-philosophischen Fragen zu, indem er sich mit dem Werk des indischen Philosophen und Literaturnobelpreisträgers Rabindranath Tagore (1861–1941) auseinandersetzte. Die Schilderung einer persönlichen Begegnung Natorps mit Tagore trug stark zur Popularisierung des Inders in Deutschland bei.

Natorp starb am 17. August 1924 in Marburg.

Natorps Einstellung zur Religion ist eng mit seinem Verständnis von Sozialpädagogik verbunden, was in der Schrift *Religion innerhalb der Grenzen der Humanität* (1894) deutlich wird.

Die Krise der protestantischen Kirche, die sich im Kaiserreich zunehmend in der Entwicklung außerkirchlicher Religiosität zeigte, betraf auch Natorps persönlichen Glauben. Bemerkenswert erschien Natorp, dass die Amtskirche die soziale Frage theologisch ausklammerte. Auch zweifelte er an der Existenz eines »persönlichen Gottes« und der »persönlichen Unsterblichkeit«. Somit bestimmte Natorp Religion diesseitig und erklärte Unsterblichkeit und Erlösung in ethischer Hinsicht als unhaltbare Glaubensinhalte. Andererseits fragte er sich, wie ohne solche religiöse Grundlage ein sittliches Leben möglich sein könnte. Diese Fragen führten dazu, dass Natorp schließlich die Frage nach den Fundamenten der Sittlichkeit im philosophischen System des Neukantianismus zu beantworten suchte. Gleichzeitig bildete die Beschäftigung mit der sozialen Frage der Arbeiterschaft den Anstoß dafür, eine Sozialpädagogik zu entwickeln, in der die soziale Problematik als ethische und pädagogische Frage angegangen werden sollte. Die Schrift von 1894 stellt somit sowohl eine philosophische Erneuerung der Religion im Sinne einer von jeglicher institutioneller Begrenzung befreiten Form der Sittlichkeit als auch eine erste Grundlegung der Sozialpädagogik dar.

In dem Werk von 1894 wird – wie bereits mit dem Untertitel *Ein Kapitel zur Grundlegung der Sozialpädagogik* angedeutet – eine bis dahin noch nicht erfolgte theoretische Entwicklung des Begriffs der Sozialpädagogik vorgenommen. Insofern ist die begriffliche Entfaltung der Sozialpädagogik eng mit dem Namen Natorp verbunden.

Häufig bezog sich Natorp auf die Ideen Pestalozzis. Dabei wurde er als Pestalozzikenner nicht nur anerkannt, sondern auch scharf kritisiert. Die von Pestalozzi entwickelte idealistische Stufenbildung der Sittlichkeit integrierte Natorp in seine Theorie, indem er die Erziehung des Willens als die Spitze der ganzen Erziehung bezeichnete. Als Hauptaussage Pestalozzis verstand Natorp die Betonung der Bedingtheit der Erziehung durch die individuelle Lage des zu Erziehenden. Unter Sozialpädagogik verstand Natorp nun die Hilfe zur Beschreitung des Weges aus der Tiefe des Elends in die Höhen eines reinen Menschentums. Den Bereich der Volksbildung auf diese Art und Weise pädagogisch zu verwirklichen, sah Natorp als soziale Arbeit der Gesellschaft an.

Als zukunftsweisend erachtete Natorp ebenfalls Pestalozzis Ansatz der Bildung durch Arbeit. Zur Unsittlichkeit, so Natorp, führe Arbeit nur, wenn nicht mehr nach dem triadischen Grundsatz Kopf-Herz-Hand das sittliche Wohl der Arbeiter im Mittelpunkt stünde, sondern die Profitorientierung des Unternehmens.

Pädagogik war für Natorp nicht nur eine Kunstlehre, sondern die Wissenschaft der Bildung, deren Grundlage die Philosophie darstellte. Deshalb kann er Pädagogik auch als »konkrete Philosophie« bezeichnen. Dagegen kritisierte Natorp eine nur auf Ethik und Psychologie zurückgehende Pädagogik, wie sie von Johann Friedrich Herbart (1776–1841) vertreten wurde, als reduktionistisch. Die Funktionen der Psychologie für die Pädagogik sah Natorp lediglich darin, »das Individuelle des subjektiven Erlebnisses nach Möglichkeit unverkürzt zu vergegenwärtigen«. Auch die zu Beginn des 20. Jahrhunderts sich herausbildende experimentelle Psychologie beurteilte Natorp eher skeptisch:

»Zum Glück hat aber die Praxis der Erziehung und des Unterrichts diese Art des psychologischen Experimentierens und

Beobachtens auch nicht so gar nötig (...). Ein geübter Lehrer und Erzieher ist unmittelbar in seiner unterrichtenden und erziehenden Tätigkeit für seinen Bedarf selbst Beobachter und Experimentator genug, und dies sein Beobachten und Experimentieren entlockt der ,Versuchsperson', ohne dass sie sich je als solche zu fühlen braucht oder fühlen darf, die für seinen Zweck wertvollsten Aufschlüsse.«

Sozialpädagogik war für Natorp der wichtigste Teil der allgemeinen Pädagogik, den er als notwendiges Korrelat zur »Erziehung zur Individualität« verstand, da Sozialpädagogik in der Lage sei, die gesellschaftliche Dimension zu erschließen. Als Aufgabe der Theorie der Sozialpädagogik sah er die Erfassung der sozialen Bedingungen von Bildung, während die Praxis der Sozialpädagogik im Suchen und Finden von Bedingungen und Wegen bestand, die das Ziel der Entwicklung herbeiführen und gestalten können.

Natorp betont an verschiedenen Stellen die Bildungswirkung, die der Gemeinschaft zukommt. Gegenüber der Formulierung Kants, der Mensch könne nur Mensch werden durch Erziehung, schreibt Natorp in seinem Hauptwerk *Sozialpädagogik* (1899): »Der Mensch wird zum Menschen allein durch menschliche Gemeinschaft.« Natorp leugnet nicht die erzieherische Dimension der Pädagogik (die bewusste Einwirkung), das zeigen seine Ausführungen zur Notwendigkeit von Strafe in der häuslichen und schulischen Entwicklung. Der Begriff Sozialpädagogik soll aber besonders die Gemeinschaftsverwiesenheit des Menschen (also seine gesellschaftliche Prägung) als Herausforderung der Pädagogik zur Geltung bringen. Dabei beschränkt er Sozialpädagogik nicht auf den jugendfürsorglichen bzw. außerschulischen und außerfamilialen Bereich, sondern benennt als pädagogische Orte ,Haus', ,Schule' und ,Leben'. Somit bereitet Natorp eine Unterscheidung vor, die heute mit den Begriffen der intentionalen (durch den Erzieher beabsichtigten) Erziehungshandlungen und ,funktionalen' (durch Gesellschaft vermittelte) Sozialisationswirkungen erfolgt.

In seiner Schrift *Sozialidealismus* von 1920 rechnete Natorp mit dem Erziehungs- und Bildungswesen des Kaiserreiches ab.

Dieses habe den Menschen als bloßes Mittel für kriegstreiberische Zwecke gesehen. Er plädiert für einen Erziehungsstaat und eine pazifistisch-sozial ausgerichtete Erziehungsschule, die den Charakter der häuslichen Erziehung haben sollte. Hier und auch an anderen Stellen wird deutlich, dass Natorp zwischen den Begriffen Gesellschaft und Gemeinschaft unterscheidet. Während der Gesellschaftsbegriff – und mit ihm der Staatsbegriff – negativ konnotiert ist, gleichzusetzen mit Nüchternheit, Kälte, Zivilisation und »Verstaatlichung des Menschen«, ist der Gemeinschaftsbegriff verbunden mit kulturellen und zivilisatorischen Werten, mit Solidarität und Geborgenheit, also einer »Vermenschlichung des Staates«.

Hinsichtlich der Wirkung Natorps muss Folgendes festgestellt werden: Als in der Weimarer Republik erstmals die Bedingungen herrschten, die den pädagogischen Vorstellungen Natorps Realisierungschancen hätten eröffnen können, fanden seine damit verbundenen politischen Überlegungen wenig Anklang.

Im Bereich der wissenschaftlichen Pädagogik dominierten seit den 1920er Jahren die geisteswissenschaftlichen Schulrichtungen in Deutschland, und auch die Vorrangstellung des dogmatischen Marxismus in der DDR verhinderte eine unvoreingenommene Aufnahme von Natorps Ansatz. Die Sozialpädagogik erlebte eher eine an Nohl orientierte Begeisterung für den Ausbau des Wohlfahrtstaates.

Dennoch kann Natorp als Klassiker der Pädagogik gelten, da er große Traditionslinien systematisch mit neuzeitlichen Ansätzen der Sozial- und Vernunftkritik zu einem Modell von wissenschaftlicher Pädagogik verknüpft hat.

Literatur:

Natorp, P.: Sozialpädagogik. Theorie der Willenserziehung auf der Grundlage der Gemeinschaft. Stuttgart 1899

Henseler, J.: Paul Natorp (1854–1924). Vom neukantianischen Bildungssozialismus zur sozialpädagogischen Volksschulreform. In: Dollinger, B. (Hrsg.): Klassiker der Pädagogik. Die Bildung der modernen Gesellschaft. Wiesbaden 2006, S. 179–195

Niemeyer, Ch.: Klassiker der Sozialpädagogik. Einführung in die Theoriegeschichte einer Wissenschaft. 2., überarb. u. erw. Auflage, Weinheim/München 2005

GEORG MICHAEL KERSCHENSTEINER

(1854–1932)

Georg Kerschensteiner wurde als Sohn verarmter Kaufmannsleute am 29. Juli 1854 in München geboren. Er besuchte in seiner Heimatstadt die sogenannte Präparandenschule, wo er im zweijährigen Seminar (1871–1873) zum Volksschullehrer ausgebildet wurde. Nach kurzer Zeit im Schuldienst nahm er Privatunterricht und bereitete sich auf den Besuch der letzten beiden Gymnasialklassen und das Abitur vor. Seinen Lebensunterhalt bestritt er durch Musizieren und Musikunterricht. Nach dem Erwerb der Reifeprüfung studierte Kerschensteiner an der Technischen Hochschule München von 1877 bis 1880 Mathematik und setzte sein Studium an der Ludwig-Maximilians-Universität zu München (bis 1883) fort, wo er mit einem naturwissenschaftlich-mathematischen Thema promovierte. Es folgte der gymnasiale Schuldienst in Nürnberg, Schweinfurt und ab 1893 in München. 1895 trat Kerschensteiner das Amt des Stadtschulrats in der bayerischen Landeshauptstadt an. Mit diesem Amt war die Aufgabe des staatlichen Distriktschulinspektors verbunden, so dass Kerschensteiners Initiativen unwillkürlich über die Stadtgrenzen hinaus zum Tragen kamen. Die von ihm konzipierte Arbeitsschule wurde erstmals 1900 für mehrere handwerkliche Fachrichtungen eingerichtet. Außerdem befasste sich Kerschensteiner intensiv mit der Reform des Volksschullehrplans. Die Demokratie der Weimarer Republik begegnete reformpädagogischen Bewegungen mit Sympathie und großem politischem Potenzial. Dank des Zuspruchs gelehrter Zeitgenossen – unter anderen seitens des Philosophen und Universitätsprofessors Eduard Spranger (1882–1963), der gänzlich in der hermeneutischen Tradition Diltheys stand – genoss Kerschensteiner eine ungewöhnliche Machtfülle, die es ihm ermöglichte, experimentelle Ideen in der weiterführenden Schulbildung umzusetzen. Von 1912 bis 1919 saß Kerschensteiner für die Fortschrittliche Volkspartei im Berliner Reichstag. 1919 schied Kerschensteiner aus den städtischen Diensten aus, wechselte als Lehrbeauftragter in die universitäre Lehre in München und begann mit der theoretischen Aufarbeitung seiner praktisch erprobten Reformen. So entstanden die beiden großen Werke *Theorie der Bildung* (1926) und *Theorie der Bildungsorganisation* (1933, posthum). Bis ins hohe Alter hielt er weltweit Vorträge, in denen er das bereits Vorgestellte erläuterte und vertiefte. Am 15. Januar 1932 starb Kerschensteiner an den Folgen einer chronischen Bronchitis in München.

Das Werk des Schulpädagogen Georg Kerschensteiners ist eingebettet in eine breit angelegte pädagogische Umstrukturierung der Schule zu jener Zeit. Allgemeine reformpädagogische Impulse entwickelten sich in Europa um die Jahrhundertwende entlang der didaktisch fragwürdigen Schablonisierungen, die eine unüberwindbare Bildungskluft der bürgerlichen von der proletarischen Jugend verfestigten.

Als Kerschensteiner mit seinen ersten Vorschlägen zur Neuordnung der Münchener Volksschulpläne an die Fachöffentlichkeit trat, konnte er sicher sein, mit seinen Betrachtungen zur Theorie des Lehrplans, unterlegt mit dem Grundtenor der *Hinwendung zur offenen Welt der Sachen*, weitgehend auf Zustimmung zu stoßen. Dass sich die Aufgabe der Schule nicht im Kenntniserwerb erschöpfen dürfe, sondern auch Ort moralischer und demokratisch-politischer Erziehung sein müsse und kein Recht habe, jene leer ausgehen zu lassen, deren Fähigkeiten und Neigungen weniger auf der sprachlichen als auf der praktischen, technischen und künstlerischen Seite liegen, war eine Einsicht, die kritische Zeitzeugen der fortschrittlichen Schulverwaltungen teilten. Das allein hätte aber nicht genügt, um Kerschensteiner an die Spitze der schulreformpädagogischen Bewegung zu bringen. Er partizipierte an den anthropologischen, insbesondere jugendpsychologischen Erkenntnissen seiner Zeit, die der »kindgemäßen« Schule zum Durchbruch verhalfen. Die Ideen Kerschensteiners entfalteten sich nach dem Zusammenbruch des deutschen Kaiserreiches im Kontext des politischen

Neuanfangs. Kerschensteiner propagierte die Einrichtung soge-
nannter Arbeitsschulen, der Vorläufer der Berufsschulen. Sein
Bekenntnis zum Handwerklichen und Praktisch-Technischen
basierte auf der sich entfaltenden Jugendpsychologie. Mit
Werkstätten ausgestattet, boten die Schulen einen handlungs-
orientierten Unterricht. Die Münchener Berufsschulen, die bis
1923 Fortbildungsschulen hießen, waren in den ersten zwei
Jahrzehnten nach ihrer Gründung Ziel vieler interessierter Pädagogen und Unternehmer aus der ganzen Welt.

Vor diesem Hintergrund kann von einer europäisch-ame-
rikanischen reformpädagogischen Gesamtbewegung gesprochen werden, strebten doch zur gleichen Zeit demokratische
Pädagogen und Pädagoginnen wie John Dewey (1859–1952)
und Jane Addams (1860–1935) vergleichbare Reformen von
Schule und Wohlfahrtseinrichtungen in Chicago an. Die
Kerschensteiner'sche Programmatik mit dem polytechnisch
angelegten Schultyp und der Berufsschulpflicht bildete in
Deutschland zudem zwei Grundpfeiler, die in die Weimarer
Verfassung aufgenommen wurden. Auf diese Weise wurden die
pädagogischen Vorstellungen offiziell gemacht. Hitler fegte sie
zwar hinweg; doch nach 1945 bot sich die Kerschensteiner'sche
Staatsbürgerlehre erneut als Ausgangspunkt, um Recht und Ge-
sellschaft im Schulwesen miteinander zu verknüpfen.

Kerschensteiner war durchdrungen von der festen Auffassung, dass es ein Verhängnis sei, Dreizehn-/Vierzehnjährige
gerade dann, wenn sie besonders der Unterstützung und des
Verständnisses bedürfen, aus der Schule zu entlassen und
dem schonungslosen Arbeitsmarkt auszusetzen. Sein bis heute gültiges Verdienst, die Fortsetzung der Schulpflicht bis zum
achtzehnten Lebensjahr, gründet auf der Überzeugung, dass
Jugendliche – Jungen wie Mädchen – schulische Bildung und
Begleitung brauchen und nicht gänzlich den Betrieben und Ge-
werben überlassen werden dürfen. Hintergrund war die damals
fatale Lehrlingssituation. Die Handwerksmeister waren einer
pädagogischen Betreuung ihrer Lehrlinge in der Regel ebenso
wenig gewachsen wie die Industriebetriebe. Vielfältigste Formen der Ausnutzung waren an der Tagesordnung. Kerschen-

steiner kannte die Situation aus eigener Erfahrung und wusste, welche Anstrengungen es kostet, mit dem rudimentären Wissen der absolvierten Volksschulklasse zu Bildung zu gelangen. Das gravierende Bildungsgefälle zu ebnen war sein Anliegen. Auch die unteren Volksschichten sollten die Chancen wirklicher Bildung erhalten. Dafür setzte sich Kerschensteiner literarisch-politisch, theoretisch und praktisch ein. Was heute als Berufsschule fortbesteht, ist sicherlich nicht allein Kerschensteiners Verdienst. Fraglos aber bleibt seine Idee von der Arbeitsschule mit einer didaktischen Elementarweisheit verbunden: Lernprozesse sind umso wirkungsvoller, je mehr sie es den Lernenden ermöglichen, die eigene Leistung auf ihren Nutzen hin zu überprüfen.

Die staatsbürgerliche Thematik begleitete Kerschensteiner sein Leben lang. Und eine Preisschrift über diesen Gegenstand trug seinen Namen 1901 in die Öffentlichkeit. Wie Rousseau eröffnete sich auch Kerschensteiner mittels einer literarisch-sozial-politischen Ausarbeitung das Tor zur Welt. Als die Königliche Akademie gemeinnütziger Wissenschaft zu Erfurt die Frage stellte: »Wie ist unsere männliche Jugend von der Entlassung aus der Volksschule bis zum Eintritt in den Heeresdienst am zweckmäßigsten für die staatsbürgerliche Gesellschaft zu erziehen?«, verfasste er eine Antwortschrift, die bereits alle Gesichtspunkte enthielt, mit denen er in der Praxis operierte und die er im *Begriff der staatsbürgerlichen Erziehung* zehn Jahre später detailliert ausformulierte. Offenbar traf er einen neuralgischen Punkt des gesellschaftspolitischen Gewissens; denn seine Preisschrift von 1901 brachte das pädagogische Elend der Lehrlingssituation in Zusammenhang mit der ungelösten Frage, wie bei der Masse der Bevölkerung positive Einstellungen zu Staat und Gesellschaft vermehrt und gefestigt werden könnten. Kerschensteiner legte dar, wie sich Individuum und Staat gegenseitig bedingen. So sehr die Umstände, aus denen diese Idee gespeist ist, auch veralten mögen, Kerschensteiners Preisschrift bleibt doch das Gründungsdokument der Berufsschule in Deutschland.

Literatur:

Kerschensteiner, G.: Betrachtungen zur Theorie des Lehrplanes. München 1899

Ders.: Der Begriff der staatsbürgerlichen Erziehung. München 1910

Scheib, W.: Die reformpädagogische Bewegung 1900–1932. Weinheim 1976

Wilhelm, Th.: Georg Kerschensteiner (1854–1932). In: Scheuerl, H. (Hrsg.): Klassiker der Pädagogik, Bd. II: Von Karl Marx bis Jean Piaget. 2. Aufl. 1991, S. 103–126

JOHN DEWEY

(1859–1952)

Der amerikanische Philosoph Dewey ist als Pädagoge der Demokratie in die Pädagogikgeschichte eingegangen. Systematisch begründet er Erziehung und Demokratie als Formen gemeinsamer und miteinander geteilter Erfahrung. Die Schule muss sich bewähren als Modell für Demokratie, als Grundlage für egalitäres Lehren und Lernen in modernen Gesellschaften. Sein Lebenswerk konzentriert sich auf die Fragen: Wie lassen sich die Freiheitssuche der Menschen des neuen Kontinents auf der einen und das Vermächtnis der Aufklärer und Klassiker des alten Kontinents auf der anderen Seite als humane Gesellschaft mündiger Bürger realisieren? Und wie muss die Schule aussehen, die auf eine solche Gesellschaft vorbereitet?

Auf diese Fragen hat die bestehende Schule des ausgehenden 19. Jahrhunderts, gegen die sich John Deweys Reformansatz wendet, keine Antworten. Dewey sieht den Ausweg in der Reform der Schule. Ausgehend von den freiheitlichen Momenten der US-amerikanischen Tradition und insbesondere der deutschen Klassik prüft er den US-amerikanischen Kapitalismus sowie den sowjetischen Kommunismus kritisch im Hinblick auf ihre Humanität – und zieht daraus grundlegende Konsequenzen für sein Konzept von Demokratie und Schule. Dewey liefert Anregungen, die für Schulunterricht und Schultheorie bis heute wirkungsvoll geblieben sind. So gehen die Methodik der »laboratory school«, das Prinzip des »learning by doing«, der

»offene Unterricht«, die »Projektmethode« und das »forschende Lernen« auf ihn zurück.

Dewey wurde am 20.10.1859 im puritanisch orientierten Osten der USA, in einer Kleinstadt im Staat Vermont geboren. Seine Eltern waren Ladenbesitzer. Die Erziehung, die Dewey in der konservativen Neuengland-Kultur jener Zeit genoss, hinterließ bei ihm ein Gefühl von Trennung zwischen Körper und Seele, Ich und Welt, Natur und Gott. Sein langes Leben und Schaffen sollten bestimmt sein von der Suche nach Einheit, nach der »Synthese von Subjekt und Objekt, Materie und Geist (…) als unendliche Befreiung«. So beruft sich Dewey auf Hegel: Als Graduierter an der John Hopkins Universität (1882–1884) hatte Dewey begonnen, sich intensiv mit Hegel zu befassen. Doch seine geistige Produktivität trat vor allem im Rahmen seiner Professur an der Universität of Michigan in Ann Arbor (1884–1894) enorm zum Vorschein. Neben seiner Dissertation über Kant publizierte er über Leibniz, veröffentlichte Buchbesprechungen, Vorträge und Aufsätze – insgesamt rund 700 – in 140 Zeitschriften und 40 Büchern. Schließlich erhielt Dewey einen Ruf als Professor für Philosophie an die Universität von Chicago (1894–1904) und wurde Direktor des Instituts.

Dewey erkannte den Widerspruch zwischen der traditionellen amerikanischen Hoffnung auf eine neue Gesellschaft der Freiheit und Gerechtigkeit für alle Bürger einerseits und der Verelendung des modernen Industrieproletariats andererseits. In Chicago schärfte sich Deweys gesellschaftspolitisches Bewusstsein unter anderem durch den Kontakt zu Jane Addams (1860–1935), der Leiterin des Hull House, eines sozialen Hilfswerks für die Ärmsten des Immigranten-Proletariats, sowie zu sozialpolitisch-kritisch denkenden Philosophen und Philosophinnen, die dort ein- und ausgingen. Seither verstand Dewey Schule als »social center«, also Nachbarschaftshilfe in der Form eines Bildungszentrums der jeweiligen Wohngemeinde – mit dem Auftrag zur Gesellschaftsveränderung. Schule sollte ein Anwendungs- und Experimentierfeld sein, auf dem die philosophisch-pädagogischen Ideen und psychologischen Theorien praktisch umgesetzt und reflektiert werden. Vor diesem Hintergrund wurde im Rahmen der internationalen sozialpolitischen und pädagogischen Reformbewegung der Jahrhundertwende die »laboratory school« entwickelt. Deweys politische Zielsetzung präzisierte sich mit den Erfahrungen des Ersten Weltkriegs, der Weltwirtschaftskrise des Kapitalismus, des Faschismus in Deutschland, Österreich und Italien und des Stalinismus in der UdSSR. Angesichts dieser destruktiven Entwicklungsprozesse stellten Deweys vielfältige Bestrebungen, die er mit Akteuren der Reformbewegung unter dem Leitgedanken »Gesellschaftsreform durch Schulreform« verwirklichte, ein beträchtliches sozialpolitisches Engagement für eine vernünftige Regelung sozialer Bedürfnisse und politischer Konflikte dar.

Die Bedeutung der pädagogischen Reformbewegung lag für Dewey in der Überwindung der Mängel traditioneller Schulformen. Er strukturierte eine neue Schulordnung und Lerndisziplin und wollte Unterricht am lernenden Kind bzw. Heranwachsenden orientieren, das heißt an den gesellschaftlichen Bedürfnissen, die auf kommunikationsfähige Individuen angewiesen ist. Dewey spricht von der vollen Bedeutung unmittelbarer (Bildungs-)Erfahrung (experience), welche auch die außerschulische, ungeplante Lernsituation reflektieren muss, die primär nicht das Lernen, sondern das Tun verlangt. In seiner »Chicagoer Versuchsschule« rückte Dewey das, was er »occupations« nennt, ins Zentrum des Lehrplans. »Occupation« bedeutet Dewey zufolge generell zielgerichtete Tätigkeit, nicht nur im später auszuübenden Beruf. Die »occupations« seiner Schule wie Metall- und Holzarbeiten, Weben, Nähen, Kochen und Zimmerei stellten für Dewey eine außerschulische Beschäftigung dar, wiederum ausgerichtet auf die menschlichen Bedürfnisse nach Nahrung, Kleidung, Behausung etc. Deweys Absicht war es, jedem Heranwachsenden sämtliche kulturellen Ressourcen der Gesellschaft zugänglich zu machen. Er plädierte für eine Gesamtschule, welche die lebensferne Einseitigkeit der bestehenden, eng produkt- und profitorientierten Berufsbildung überwindet.

1904 war die sogenannte Versuchsschule auf 150 Schüler in elf Jahrgangsgruppen (4- bis 15-Jährige) angewachsen, wesentliche Erweiterungen waren in Planung. So war unter anderem der Anschluss einer Oberstufe und Berufsschule angedacht. Doch nach einer Auseinandersetzung mit dem Präsidenten der Universität kehrte Dewey Chicago den Rücken und lehrte bis zu seiner Emeritierung (1930) an der Columbia Universität New York. Somit war die Betreuung eines der erfolgreichsten Schulexperimente abgebrochen und die weitere Entwicklung von Deweys Schultheorie nicht mehr unmittelbar auf dessen eigene Schulpraxis zu beziehen. Die Ausgestaltung seines umfassenden Erziehungskonzeptes verlängerte sich nun um anderthalb Jahrzehnte und ist in Deweys pädagogischem Hauptwerk *Democracy and Education* (1916) ausführlich dargelegt.

John Dewey starb am 2. Juni 1952 in New York. Sein zentrales Ziel, die Demokratisierung von Gesellschaft und Lebensform, bleibt richtungsweisend. Aus reformpädagogischer Perspektive sind Deweys Kritik der traditionellen Schule und seine Vorschläge zur Veränderung der Unterrichts- und Lernprozesse nach wie vor gültig. Für Dewey stellen experimentierendes Lernen und Erfahrungslernen sogenannte informelle Bildungsprozesse dar, die wesentlicher Bestandteil demokratischer Schulmethoden sind und eine persönlichkeitsbildende Wirkung haben. Auf die Ergebnisse der Schulversuche jener Zeit, das experimentierende, aber auch unsystematische, beiläufige und selbst organisierte Entdecken der Wirklichkeit, besann sich die bundesrepublikanische Bildungsdebatte z. B. im Zuge der Offensive der 1960er Jahre sowie aktuell angesichts des heutigen Reformbedarfs der Schule. Ein Blick auf Deweys Versuchsschule verdeutlicht, wie selbst sehr junge Schülerinnen und Schüler zunehmend zu selbständigen Lernprozessen aktiviert werden können und wie das – gewissermaßen als »Nebenertrag« des indirekten Lernansatzes – auch ohne Zensuren möglich ist. Denn die Versuchsschule stellte eine stimulierende Lernumwelt zur Verfügung, indem sie den Konflikt zwischen Interesse, Fähigkeit und Lerntempo des Einzelnen überwand.

Literatur:

Dewey, J.: On Experience, Nature and Freedom. Indianapolis, New York 1960

Ders.: Demokratie und Erziehung. Eine Einleitung in die philosophische Pädagogik. Hrsg. und mit einem Nachwort von Oelkers, J. Weinheim und Basel 2000

Neubert, S.: Erkenntnis, Verhalten und Kommunikation. John Deweys Philosophie des »experience« in interaktionistisch-konstruktivistischer Interpretation. Münster u. a. 1998

HUGO GAUDIG

(1860–1923)

Hugo Gaudig ist neben Georg Kerschensteiner (1854–1932) ein bekannter Vertreter der sogenannten Arbeitsschulbewegung, die sich besonders nach 1918 in unterschiedlichen Nuancierungen ausbreitete.

Gaudig wurde am 5.12.1860 in Stöckey (Harz) geboren. Nach der eigenen Schulzeit durchlief Gaudig die Oberlehrerausbildung mit dem Studium der Theologie, Germanistik, Philosophie und der alten Sprachen. Im Anschluss an die Promotion mit einer Schrift zu Schopenhauers Ästhetik und seinem theologischen Examen beendete er 1886 sein Studium mit dem Oberlehrerexamen (examen pro facultate docendi) in Halle. Für die schulpraktische Ausbildung im Probejahr ging er an das Realgymnasium der Francke'schen Stiftungen. Nach einer sich anschließenden neunjährigen Tätigkeit als Lehrer am Realgymnasium in Gera war er vier Jahre Direktor der Höheren Mädchenschule und des Lehrerinnenseminars der Francke'schen Stiftungen. 1900 wurde er Direktor der Höheren Mädchenschule und des Lehrerinnenseminars in Leipzig. Diesem Seminar war eine Volksschule als Übungsschule angeschlossen, die den Erfahrungsraum für seine Reflexionen von Schulpraxis bildete und der er zeitlebens verbunden blieb. Gaudig wirkte weniger schulorganisatorisch, sondern vielmehr unmittelbar pädagogisch und galt als hervorragender Lehrer. Gaudig starb am 2.8.1923 in Leipzig.

Während Kerschensteiner mit »Arbeitsschule« Arbeit im exakt handwerklichen Sinne verband, die zur allgemeinen

Menschenbildung führen sollte, ist Gaudigs pädagogische Konzeption vom Prinzip der geistigen Selbsttätigkeit geprägt. Hierbei handelt es sich um Erziehung *zur* Selbsttätigkeit und die Selbsterziehung *durch* Selbsttätigkeit. Gaudig thematisiert dabei weniger die geistig selbständige Persönlichkeit im Sinne des selbständigen Staatsbürgers, vielmehr steht das rein formale Prinzip der Selbsttätigkeit im Mittelpunkt. An der alten Lernschule kritisiert Gaudig die intellektuelle Einseitigkeit, vor allem aber die Rezeptivität und die Unselbständigkeit, die sie den Schülern abverlangte und somit bei den Lernenden erzeugte. Jeglicher Unterricht soll nun auf das Prinzip der Selbsttätigkeit ausgerichtet werden. Während die Formalstufen der Herbartianer wie ein formales Korsett sowohl Lehrer als auch Schüler einengen und lenken, soll der Schüler jetzt eigenständig darüber nachdenken, auf welche Art und Weise ein Problem zu lösen sei. So betont Gaudig auf einem Vortrag in Dresden im Jahre 1911:

»In dieser Arbeitsschule soll der Schüler während der gesamten Arbeitsvorgänge selbsttätig sein, selbsttätig beim Zielsetzen, selbsttätig beim Ordnen des Arbeitsganges, selbsttätig bei der Fortbewegung zum Ziel, selbsttätig bei den Entscheidungen an den Kreuzwegen, selbsttätig bei der Kontrolle, bei der Korrektur usw. Kein Hörsaal, sondern eine Werkstatt soll die Schulstube sein, eine Stätte, wo der Schüler sich Erkenntnis und Fertigkeit arbeitend erwirbt, nicht eine Stätte, wo ihm Wissen eingedrillt wird, wo man an ihm arbeitet, ihn ‚bearbeitet'; eine Stätte, wo er unter Anleitung des Meisters die Arbeitstechniken gewinnt, vor allem die Technik, mit (arbeitendem) Wissen neues Wissen zu erwerben.«

Hinter diesem Ansatz steht die anthropologische Grundannahme, dass Leben Selbstentfaltung ist, dass jeder Mensch Individualität besitzt und damit zugleich einzigartig und allen Menschen gleichwertig ist. Das Ziel der (Selbst-)Erziehung ist die »wertvolle Persönlichkeit« im Sinne eines selbständig und frei denkenden, selbstverantwortlichen Menschen. Der Persönlichkeitsbegriff wird dabei in der Dialektik von Gemeinschaft und Individualität gefasst. Gaudig sieht das Individuum nicht isoliert, sondern so, »wie es sein individuales Leben in den Gemeinschaften als (...) dem wichtigsten Teil seiner Lebenssphäre gestaltet.«

Gaudigs Erfahrungen an der Mädchenschule führen auch dazu, dass er sich mit der Erziehung der Geschlechter befasst. In seiner Schrift *Freie geistige Schularbeit in Theorie und Praxis* (1922) erklärt Gaudig:

»Freie geistige Arbeit muß überall angestrebt werden, wo sie möglich ist. Also zunächst auf allen Altersstufen. (...) Ebenso gilt unser Prinzip für beide Geschlechter in gleicher Weise. Täuscht mich meine lange Erfahrung in der Arbeit an beiden Geschlechtern nicht, so zeigen sich zwar beide Geschlechter für die freie geistige Arbeit in verschiedener Richtung gut veranlagt, aber ich möchte meinen, man könnte von einem Ausgleich zur Gleichwertigkeit sprechen.«

Dass er hier betont, sein Ansatz gelte auch für die Mädchenbildung, ist zunächst positiv zu bewerten. Allerdings wird an früheren Aussagen Gaudigs deutlich, wie traditionell sein Frauenbild tatsächlich ist. Für die geschlechtsspezifische Ausbildung an den Höheren Mädchenschulen fordert er, dem »natürlichen Beruf" der Frau gerecht zu werden. Daran wird deutlich, dass Mädchenerziehung auch für Gaudig letztlich auf ein bestimmtes, vorher festgelegtes Ziel hin ausgerichtet ist und die von ihm hervorgehobene Selbstbestimmung schnell unterlaufen und in einen allgemein anerkannten gesellschaftlichen Rahmen eingefügt werden kann.

Zusammen mit seinen Mitarbeitern hat sich Gaudig zu Lebzeiten stets an pädagogischen Auseinandersetzungen beteiligt und der Lehrerschaft in Vorträgen und Veröffentlichungen entscheidende Impulse für die Arbeitsschulbewegung geliefert. Sein Hauptwerk von 1917, *Die Schule im Dienste der werdenden Persönlichkeit*, besticht dank ihrer geistreichen Diktion und Lebendigkeit noch heute. Gaudigs Ansatz der freien geistigen Schularbeit wird rückblickend als ein Vorläufer des Offenen Unterrichts und der Freiarbeit diskutiert.

Literatur:

Gaudig, H.: Freie geistige Schularbeit in Theorie und Praxis. Breslau ²1922

Ders.: Die Schule im Dienste der werdenden Persönlichkeit. 2 Bde.,
  Leipzig 1917
Reble, A.: Hugo Gaudig, ein Wegbereiter der modernen Erlebnispäda-
  gogik? Lüneburg 1989

Jane Addams

(1860–1935)

Die US-amerikanische Sozialreformerin und Pazifistin Jane
Addams setzte im Chicago der Jahrhundertwende eine Gesellschaftsreform durch Bildung in Gang. Mit ähnlichen sozialre-
formerischen Ideen, wie sie ihr Weggefährte John Dewey für
die Bildungskonzeption der Schule in Anspruch nahm, konzentrierte sich Addams in einer Zeit beispielloser industrieller
Expansion auf die unmittelbare Verbesserung ökonomischen,
politischen und sozialen Lebens – vorwiegend der massenhaft
ankommenden Immigrantinnen und Immigranten. Denn ebenso wie andere soziale Randgruppen fristeten die Einwande-
rerfamilien ihr Dasein in den Slumquartieren der rapide wachsenden Stadt. Addams kämpfte mit politischen Aktionen für
das Frauenwahlrecht, für die Verbesserung des Jugendschutzes
und der Armenpflege. Sie engagierte sich in der Friedensarbeit
und vertrat den Standpunkt, dass insbesondere Frauen in der
Lage seien, soziale Ungerechtigkeit zu erkennen, und daher
prädestiniert, Demokratisierungsprozesse in der Gesellschaft
voranzutreiben. Addams war Mitbegründerin (1915), später
Präsidentin der Woman's International League for Peace and
Freedom und erhielt 1931 den Friedensnobelpreis, zusammen
mit dem Geisteswissenschaftler Nicolas M. Butler, der von
1901 bis 1945 Präsident der Columbia Universität in New York
war.

Jane Addams wurde am 6. September 1860 in Ceddarville geboren. Als Tochter eines wohlhabenden Mühlenbesitzers, Ban-
kiers und Senators aus dem ländlichen Illinois hatte sie schon
als Kind davon geträumt, in der Großstadt ein gastfreundliches
Haus für arme Nachbarn zu führen. Auf einer Bildungsreise

in Europa lernte sie Toynbee Hall kennen, das erste Settlement (soziales Nachbarschaftshaus), das von Londoner Akademikern im großstädtischen Elendsviertel gegründet worden war. Sie beschloss, gemeinsam mit ihrer Studienfreundin Ellen Gates Starr, eine solche Niederlassung in Chicago zu errichten. Chicago war damals die zweitgrößte Stadt der USA, deren Bevölkerung zu zwei Dritteln aus Einwanderern bestand. Diese kamen vor allem aus Italien, Deutschland, Böhmen, Irland, Polen und Russland. Und es war Exil für Sozialisten und Anarchisten aus Ost-Europa. Sie lebten in heruntergekommenen Häusern und warteten auf Gelegenheitsjobs im Hafen und auf den Schlachthöfen. Die Frauen waren auf schlecht bezahlte Heimarbeit für Textilfabriken angewiesen. Für die vielen Kinder gab es keinerlei soziale Institution und kaum Schulen, und die korrupte Stadtverwaltung unterließ es, städtische Dienstleistungen aufzubauen, z. B. die Straßenreinigung. Trotz dieser schwierigen Lebensbedingungen herrschte unter den Menschen, die in die Slums gezogen waren, keine grundsätzlich pessimistische oder gar resignierte Haltung. Etliche von ihnen hatten eine gute Ausbildung genossen, hatten einst ehrgeizige Pläne gehegt und waren nun Zerrbilder dessen, was sie einmal hatten werden wollen. Für sie und gemeinsam mit ihnen bot das Chicagoer Settlement »Hull House« wirkliche Hilfe. Addams und ihre Freundin Starr begannen soziale Arbeit und Daseinsvorsorge *mit* der Nachbarschaft zu betreiben. Bereits im zweiten Jahr nach seiner Gründung (1891) verkehrten jede Woche über 2000 Menschen in »Hull House«, entweder als Mitglieder loser, praktischer Selbsthilfegruppen (Koch-, Näh-, Erziehungskurse, zahlreiche Clubs, auch für Kinder und Jugendliche, ethnische Gruppen) oder als Zuhörer und Mitwirkende bei Bildungs- und Kulturveranstaltungen. »Hull House« war aber auch ein wichtiger Treffpunkt für Arbeitslose, bot Angehörigen verfolgter Minoritäten Zuflucht und setzte sich für ordnungsgemäße gerichtliche Verfahren ein. Bei ihrer Arbeit wurde Addams von zahlreichen Mitarbeiterinnen und Verbündeten unterstützt, so dass sich »Hull House« zur Plattform für sozial- und friedenspolitische Aktivitäten entwickelte, welche die lokale Ebene, die mittlere und die transnationale politische Ebene miteinander verband.

Vor dem Hintergrund krasser sozialer Segregation, der Vorenthaltung aller sozialen und kulturellen Güter und der Massenverelendung von Arbeiterfamilien vertraten Addams und ihre ehrenamtlichen Mitstreiterinnen folgende Ziele, die für die Settlementarbeit maßgebend waren:
1. Die solidarische Partizipation am Leben der Menschen, verbunden mit Ressourcenangeboten bzw. -entwicklung; 2. Partizipation aller Menschen an allen gesellschaftlichen Lebensbereichen bzw. Teilsystemen durch Bildung; 3. Neubelebung eines christlichen Humanismus.

Da Addams allerdings jede missionarische Absicht als Freibrief für Fremdbestimmung ansah, ersetzte sie das dritte Ziel durch Förderung der kulturellen Vielfalt der Bevölkerung. Sie wollte Armut beseitigen, nicht Arme trösten, und so lehnte Addams ebenso das Mütterlichkeitsideal der bürgerlichen Frauenbewegung ab wie prinzipiell jegliche deterministischen Weltbilder, die sie im Zuge des Klassenkampfs jener Zeit kennengelernt hatte.

Systematisch beschrieben Addams und Starr die Probleme, mit denen »Hull House« täglich konfrontiert war, und entwickelten darauf aufbauend erste Methoden empirischer Sozialforschung, womit sich später die University of Chicago profilieren sollte. Auf der Basis dieser Studien folgten Bundesstudien über Großstadtslums; so entstanden die berühmten *Hull House Maps and Papers*.

Addams selbst betrachtete das Settlement nicht nur als Unterstützung bei der unmittelbaren Problembewältigung, sondern als Experiment zur Lösung grundsätzlicher Probleme, verursacht von der kapitalistischen Industriegesellschaft einer Großstadt. Methodisch betrachtet, charakterisiert der beständige Zusammenhang zwischen pädagogisch-emanzipatorischer Praxis *mit* SlumbewohnerInnen und der parallel entwickelten empirischen Forschung bei gleichzeitiger aktiver Politikgestaltung das Schaffen von Jane Addams. Damit sind gleichzeitig die Grundlagen moderner Sozialarbeit und Sozialpädagogik benannt. Addams formuliert zudem einen Professionalisierungsanspruch, der besagt, dass es die Aufgabe der Sozialarbeit sei, jene politischen und ökonomischen Verhältnisse zu ändern, die Massenelend und Armut erzeugen. Mit marxistischen Positionen erklärten Addams und weitere mitarbeitende Bewohnerinnen und Bewohner (Residents) des »Hull House« Systemveränderung zum Bestandteil sozialer Arbeit. So begann sich das Berufsbild des Sozialarbeiters/der Sozialarbeiterin herauszubilden. Addams beschrieb die Sozialarbeiterin als Expertin, welche die Lebensbedingungen der territorial, sozial und mental ausgegrenzten Armutsbevölkerung, ihr Erleben und ihre Gefühle in die Sprache der Mächtigen übersetzt. Entsprechend richteten sich Addams' Bemühungen auch hauptsächlich auf die Machtbegrenzung der Stärkeren, womit sie nachhaltige Armutsbekämpfung und Ressourcenverteilung verband. Addams war eine der wenigen SozialarbeiterInnen, welche die von Menschen gemachte soziale Ordnung auf ihre Gerechtigkeitspotenziale hin überprüfen und bewusst an der Konstruktion einer menschengerechteren Gesellschaftsordnung mitwirken.

Addams hat implizit die zentralen Dimensionen einer Handlungstheorie sozialer Arbeit entwickelt und verwirklicht, indem sie die beschreibenden und erklärenden Aussagen mit wertbezogenen und präskriptiven verknüpfte. Ihr Bildungskonzept und das ihres Mitstreiters John Dewey, *Education by the Current Event*, praktizierte Addams in hohem Maße selbst: In »Hull House« bedeutete Bildung, an Alltags- und Erfahrungswissen, aber auch an das heterogene Kulturwissen der zahllosen Einwanderer anzuknüpfen. Bildung wurde praktiziert im Prozess der aktiven Interpretation und Rekonstruktion der Umwelt, das heißt jeden in der Nachbarschaft, der Nation oder der Welt stattfindenden Ereignisse. Als Mitglied der Schulaufsichtsbehörde von Chicago (bis 1909) forderte Addams (wie Dewey und der Soziologe George H. Mead), Schule müsse das Fundament einer Kultur vermitteln, in deren Universalität die Kinder sich selbst, ihre Eltern und ihre Umgebung wiederfinden können. Bislang fördere die Schule den Loyalitätsbruch mit den Eltern, weil sie die Erfahrungen der (Immigranten)-Kinder sowie deren spontane soziale Aktivitäten unberücksichtigt lasse. Was in der Schule gelernt wird, müsse in der Werkstatt (Lebenspraxis) anwendbar sein – und umgekehrt, so Addams: Was Kinder/Jugendliche auf der Straße und zu Hause erfahren, müsse auch Thema in der Schule sein. Eine Erziehung mit dem Anspruch, demokratisch zu sein, die dieses – wenn auch mitunter unerreichbare – Ideal nicht anstrebe, sei eine Farce. In »Hull House« entwickelte Jane Addams die Grundzüge ihrer allgemeinen Didaktik. Sie folgte einer empirisch gewonnenen sozialräumlichen Orientierung, nahm ihre Nachbarn ernst und versuchte deren Stärken zu unterstützen. Dabei lernte sie, dass Unterstützung der persönlichen Stärken des Einzelnen nicht nur bedeuten darf zu loben, wo Menschen stark sind, sondern ihnen auf der Basis dieser Akzeptanz weiterzuhelfen, sie zu ermutigen, sich selbst zu helfen. *Lehren* sollte immer an unterstützende Erfahrung gebunden sein. »Hull House«, ursprünglich ein Ort mitfühlender Hilfeleistung, wurde somit zu einer Einrichtung, in der die Einwanderer lernen konnten, jene Infrastrukturen im Stadtteil zu schaffen, die sie selbst brauchten, um ihre Lebensqualität zu verbessern. Die soziale Gemeinwesenarbeit, ein Teilbereich heutiger Sozialarbeit, hat hier ihren Ursprung.

In ihren letzten zwanzig Lebensjahren nahm sie an zahlreichen internationalen Konferenzen teil. 1931 wurde sie zusammen mit dem Pädagogen Nicholas Murray Butler (1862–1947) mit dem Friedensnobelpreis ausgezeichnet. Bis zu ihrem Tod am 21. Mai 1935 lebte Addams in dem von ihr gegründeten »Hull House«.

Literatur:

Addams, J.: A Centennial Reader. New York 1960
Lasch, C.: The Social Thought of Jane Addams. New York 1982
Müller, C. W.: Wie Helfen zum Beruf wurde. Eine Methodengeschichte der Sozialarbeit. Weinheim und Basel 1997

Rudolf Steiner

(1861–1925)

Im 20. Jahrhundert hat kaum jemand eine so starke erziehungs- und lebensreformerische Wirkung entfaltet wie Rudolf

Steiner. Und es gibt wohl auch keinen anderen pädagogischen Reformer, dessen Denken und Wirken derart kontrovers betrachtet wird. Als Autor hat er ein kolossales Werk mit einem breiten thematischen Spektrum hinterlassen: etwa 350 Bände mit Schriften und Vorträgen zu seiner Pädagogik. Steiners Begrifflichkeit ist heterogen, weshalb eine adäquate Rekonstruktion seiner Auffassung über Erziehung und Bildung schwierig bleibt. Im Unterschied zu seinen erkenntnistheoretischen Frühschriften entfalten die späteren Publikationen und unautorisierten Mitschriften einer wachsenden, spirituell orientierten Anhängerschaft eine oft fremdartig-esoterisch anmutende, eher bildhafte als begrifflich pädagogische Terminologie, nämlich das weltanschauliche Programm der Anthroposophie. Ein Zugang zur Person Steiners erweist sich ebenfalls als sperrig. Die Memoiren des charismatischen, weltanschaulich wirkenden Steiners tragen angesichts der teils heftigen zeitgenössischen Kritik auch unverkennbar apologetische Züge; sein Lebenslauf wird als innere Kontinuität gegenüber der stetig wachsenden Anhängerschaft plausibilisiert, Brüche und Wandlungen kaschiert. Eine kritische Biographie, die Steiners Einstellungen zu den Ideen Darwins und Nietzsches sowie zu Anarchismus, Christentum und Theosophie klarer dokumentiert, steht offenbar noch aus.

Rudolf Steiner wird am 27. Februar 1861 in Kraljevec (Kroatien) als erstes von drei Kindern eines österreichischen Bahnarbeiters in bescheidenen Verhältnissen geboren. Er fällt als begabter Schüler auf und besucht die Ober-Realschule in Wien-Neustadt, die er mit Auszeichnung abschließt. Von 1879 bis 1883 studiert er als Stipendiat an der Technischen Hochschule Wien die Fächer Mathematik, Naturgeschichte und Chemie mit dem Ziel, Realschullehrer zu werden. Ohne Studienabschluss wird er von 1884 bis 1890 als Hauslehrer in einer Familie des Wiener Großbürgertums tätig und kümmert sich insbesondere um den körperlich behinderten Sohn. Als philosophierender Autodidakt kommt er als Mitarbeiter an das Goethe-Schiller-Archiv in Weimar (1890–1897) und ediert die naturwissenschaftlichen Schriften Goethes. Über die intensive Beschäftigung mit der Naturbetrachtung Goethes entsteht Steiners externe Promotion (1891) an der Universität Rostock. Im Jahre 1894 veröffentlicht

er sein philosophisches Hauptwerk, *Die Philosophie der Freiheit.*
Grundzüge einer modernen Weltanschauung. Beobachtungsresultate
nach naturwissenschaftlicher Methode, ohne damit jedoch in der
philosophischen Fachwelt auf Resonanz zu stoßen. Die wenigen rezensierenden Beurteilungen fallen vernichtend aus. Als
Steiner 1897 mit seiner Familie von Weimar nach Berlin zieht, ist
er arbeitslos und nimmt Beschäftigungen als Lehrbeauftragter
für Geschichte an einer marxistisch ausgerichteten Arbeiterbil-
dungsschule an; des Weiteren ist er Mitherausgeber des *Ma-
gazins für Literatur* und Lehrkraft an einer Fortbildungsschule
(Vorgänger der Berufsschule) für Mädchen. Steiner knüpft Kontakte zu dem sogenannten Kreis der Kommenden, einem Treffpunkt der literarisch-künstlerischen Avantgarde, der Bohème
und lebensreformerischen, zwischen Darwinismus, Sozialismus
und Anarchismus oszillierenden Intellektuellen. In Berlin wird
Steiner ab 1900 zu Vorträgen über Nietzsche, Goethe und die
deutschen Mystiker in die »Theosophische Bibliothek« eingeladen. In diesem an der fernöstlichen Weisheitslehre und Esoterik
interessierten Kreis lernt Steiner seine zweite Ehefrau, Marie
von Sivers, kennen; zugleich findet er seine erste Anhängerschaft sowie seine Wirkungsstätte für die Gestalt annehmende
Anthroposophie. Als Generalsekretär der deutschen Sektion
der Theosophischen Gesellschaft entfaltet er eine immense Vor-
trags- und Reisetätigkeit. Mehr als 6000 mitgeschriebene Vorträge sind dokumentiert und parallel etwa dreißig Monographien
entstanden. Im Jahre 1912 löst sich Steiner wegen Differenzen in
der esoterischen Deutung des Lebens Jesu Christi von der Theosophischen Gesellschaft. Er gründet die *Anthroposophische Gesellschaft*, deren Tagungen die Aufführungen von Mysteriendramen
und die neue Bewegungskunst der Eurythmie umfassen. Die
Pläne zum Bau einer eigenen Tagungs- und Aufführungsstätte
führen ihn schließlich nach Dornach bei Basel, wo er von 1914
bis 1922 mit der organisch-spirituellen Architektur des »Goethe-
anums« den feierlichen Rahmen schafft für die Manifestation
der Anthroposophie als Gesamtwerk von Wissenschaft, Kunst
und Religion. Als charismatischer Gründer einer ganz allein auf
ihn konzentrierten weltanschaulichen Gemeinschaft entwickelt
Steiner im letzten Jahrzehnt seines Lebens das Programm für
eine spirituelle Erneuerung des Lebens, nicht nur auf dem Ge-

biet der Kunst, sondern auch der Erziehung, Politik und Wirtschaft, der Medizin, Landwirtschaft und christlichen Religion. 1919 eröffnet Steiner in Stuttgart die erste *Freie Waldorfschule* für 191 Arbeiterkinder der Waldorf-Astoria-Zigarrenfabrik und 65 Kinder aus bürgerlich anthroposophischen Elternhäusern. Bis zum Ausbruch seiner Krebskrankheit nimmt er an rund siebzig Lehrerkonferenzen teil und leitet die Geschicke der Schule, deren Schülerzahl schnell auf das Dreifache ansteigt. Als Rudolf Steiner 1925 seinem Krebsleiden erliegt, haben bereits fünf weitere Waldorfschulen ihre Pforten geöffnet – drei in Deutschland und je eine in den Niederlanden und in England. Bis heute folgten zahlreiche weitere Schulgründungen in Europa und Übersee.

Fundamentales Anliegen Rudolf Steiners ist die Erneuerung des mystischen Weges einer Vereinigung der inneren geistigen Welt der Person mit dem sich in Natur und Geschichte offenbarenden »göttlichen All-Einen« inmitten eines positivistisch-materialistischen Zeitalters. Steiner entwickelt das Grundschema der Gnosis, wonach das Ich durch Unwissenheit oder Schuld in einen Zustand der Entzweiung und Entfremdung von seinem geistigen Ursprung geraten ist. Über Selbst- und Welterkenntnis kann das Ich aber wieder zur universalen Einheit zurückfinden. Diese »All-Einheitserfahrung« setzt Steiner in bewusste Opposition zum Kritizismus Kants und der hierin erfolgenden Begrenzung der erkenntnistheoretisch zu begründenden objektiven Erfahrung. Aus der objektiv-idealistischen Weltauffassung entspringt auch Steiners Interesse an den morphologischen Naturforschungen Goethes. Denn im Gegensatz zur experimentell-berechnenden und verfügenden Naturwissenschaft sah Goethe in den Urphänomenen der Farben-, Pflanzen- und Tierwelt die Manifestation von Ideen, die der Mensch in seinem Bildungsprozess verstehend zur Sprache bringen soll.

Im Unterschied zu den zeitgenössischen Versuchen Deweys und Montessoris, die neue Erziehung auf die empirische Kinderpsychologie zu gründen, entwirft Steiner einen Erziehungsplan gänzlich aus seiner kosmisch-spiritualistischen Anthropologie, aus der Betrachtung der »verborgenen Natur« des Menschen.

Die Entwicklung des Kindes und des Jugendlichen ist demnach als Prozess von Wachstum und Metamorphosen zu begreifen, in welchem sich die mineralischen, vegetativen, animalisch-seelischen und geistigen »Wesenskräfte« stufenweise entfalten. Dieser innere Prozess von Wachstum, Verwandlung und Neugeburt lässt sich nach Steiner am äußeren Gestaltwandel des Kindes und Jugendlichen, der sich im Rhythmus von je sieben Jahren vollzieht, ablesen.

In der revolutionären Aufbruchstimmung des Jahres 1919 liegt für Rudolf Steiner die Chance, seine Gedanken über Erziehung im Rahmen seines Programms und der Gründung der freien, selbst verwalteten einheitlichen Volks- und Höheren Schule umzusetzen. Der pädagogische Lehrplan der Freien Waldorfschule bezieht alle Inhalte und Arbeitsweisen der Fächer »organisch« aufeinander und zugleich »genetisch« auf die Entwicklungsstufe der Schülerinnen und Schüler. Die schulischen Leistungen werden von den Lehrern nicht mit Zensuren, sondern bis zum 12. Schuljahr über jährliche Berichtszeugnisse in freiem Wortlaut beurteilt. So sehr diese strukturellen Merkmale die Freie Waldorfschule in die Nähe reformpädagogischer Lebensgemeinschaftsschulen rücken, in ihrer Schulstruktur unterscheiden sie sich hinsichtlich ihrer hochgradig ideellen Determination und Ritualisierung. Alle Dimensionen – Raum, Zeit, soziale Mitwelt und Sachwelt – werden aus der Anthroposophie heraus ausgedeutet und auf übergreifende spirituelle Ordnungen bezogen. Aktualität kann jedoch die Verwirklichung der Schulautonomie der Freien Waldorfschulen und -kindergärten beanspruchen sowie die Formenvielfalt des praktischen Lernens, der genetische Ansatz im naturwissenschaftlichen Unterricht und die Gestaltung der sozialen Beziehungen durch das Klassenlehrerprinzip. Empirische Studien dokumentieren außerdem einen hohen Grad an Identifizierung von Waldorfschülerinnen und -schülern mit ihrer Schule und eine spezifische Ausprägung ihrer Berufs- und Freizeitinteressen am Ende der Schullaufbahn. Der heutige fachwissenschaftliche Diskurs über Waldorfschulen hat das Befremdliche an der Pädagogik Rudolf Steiners verdeutlicht, aber vor allem auch ihre Fruchtbarkeit, die sich letztlich als ungleich stärker erwiesen hat.

Literatur:

Steiner, R.: Die Erziehung des Kindes vom Gesichtspunkte der Geisteswissenschaft/Die Methodik des Lehrens und die Lebensbedingungen des Erziehers. Stuttgart 1961

Bohnsack, F.; Kranich, E.-M. (Hrsg.): Erziehungswissenschaft und Waldorfpädagogik. Der Beginn eines notwendigen Dialogs. Weinheim und Basel 1994

Kiersch, J.: Die Waldorfpädagogik. Einführung in die Pädagogik Rudolf Steiners. Stuttgart 2000

Leber, S.: Die Pädagogik der Waldorfschule und ihre Grundlagen. Darmstadt 1992

MARIA MONTESSORI

(1870–1952)

Die italienische Ärztin und Pädagogin Maria Montessori schuf mit der Gründung des »Casa dei Bambini« bzw. »Montessori-Kinderhauses« in der ersten Hälfte des 20. Jahrhunderts eine Erziehungsinstitution, die mittlerweile weltweit verbreitet ist. Wie Friedrich Fröbel (1782–1852), der Begründer des Kindergartens, konzentriert sich auch Montessori mit zielgerichtetem, methodisiertem frühkindlichen Lernen auf das Vorschulalter, das sie – die Familienerziehung flankierend – hinsichtlich kindlicher Selbständigkeit und Selbsterfahrung fördern will. In ihrer Methode bemüht sie sich um äußerste Zurückhaltung in allen direkten erzieherischen Eingriffen bei gleichzeitiger besonderer Aufmerksamkeit für die Gestaltung einer »geordneten Umgebung« des Kindes. In dieser pädagogisch strukturierten Umwelt spielt das von ihr und ihrem Sohn und Mitarbeiter Mario Montessori entwickelte didaktische Montessori-Material eine zentrale Rolle. Hierbei handelt es sich um systematisch aufgebautes Arbeits- und Trainingsmaterial für selbsttätige und von den Kindern auch selbst kontrollierbare Sinnes-, Geschicklichkeits-, Beobachtungs- und Ordnungsübungen, das später auch für die Grundschule und weiterführende Schulstufen als didaktisches Arbeitsmaterial weiterentwickelt wurde.

Aufgrund ihres didaktischen Aufbaus ist die Montessori-Pädagogik nicht immer unumstritten gewesen. Denn in ihr sind gegensätzliche und spannungsreiche Ansätze miteinander verbunden: Dem positivistischen, naturwissenschaftlich-medizinischen Experiment, das auf psycho-physiologische Differenzierungsleistungen unter laborähnlichen Bedingungen zielt, tritt ein sozialpädagogisches und gesellschaftskritisches Engagement zur Seite, das sich auf Befreiung des Kindes, auf gesellschaftliche Gleichberechtigung, Demokratisierung und Bildung richtet. Zugleich aber stellt die Montessori-Pädagogik nicht unerhebliche Forderungen an die kindliche Selbstbeherrschung. So richtete sich denn auch die Kritik insbesondere gegen die Verknüpfung dieser unterschiedlichen Bestandteile. Unter anderem wurde der Laborsituation in ihrer Sterilität die Unterdrückung der kindlichen Phantasie nachgesagt, sie kanalisiere den Spieldrang einseitig. Und auch das methodische Repertoire sei naturalistisch einseitig. Bei aller Kritik zeigte sich aber doch, dass hier nicht nur eine Methode als zeitgenössische reformpädagogische Variante kurzfristig Aktualität erlangte, sondern eine Pädagogik geschaffen wurde, die heute lebendiger ist denn je. Montessoris Grundgedanken erfahren ungebrochen würdigende Beachtung.

Die Ärztin und spätberufene Pädagogin ist ein erhellendes Beispiel für die bürgerliche Emanzipationsbewegung der Frauen aus der Bevormundung der patriarchalen Gesellschaft im ausgehenden 19. Jahrhundert. Mit ihrem Werdegang umfasst Maria Montessori diese Bewegung wie in einem großen Bogen. Geboren wurde sie am 31. August 1870 in Chiaravalle bei Ancona. Sie pflegte vielseitige wissenschaftliche Interessen und begann ihr Universitätsstudium zunächst mit Biologie und Mathematik, um schließlich die Medizin zu ihrem Schwerpunkt zu machen. Montessori studierte aber auch Philosophie und Psychologie sowie Pädagogik. Die heutige methodisch-wissenschaftliche Stringenz, die sich gerade im pädagogischen Bereich durchgesetzt hat, gab es so damals noch nicht. Pädagogische Forschung, Kinderpsychologie oder Pädiatrie steckten noch in den Anfängen. Mit 26 Jahren promovierte Montessori als erste Frau in Italien zur Doktorin der Medizin. Möglicherweise war es der Widerstand, dem die einzige Frau in der beruflichen Männerdomäne der Medizin ausgesetzt war, welcher die junge Ärztin dazu bewog, sich der Betreuung von Kindern, zunächst ausschließlich Kindern mit Behinderung, zu widmen. Hierzu schloss sie sich als Assistenzärztin dem Stab der Psychiatrischen Klinik der Universität Rom an und begann ihre betreuende Arbeit. Montessori setzte sich selbst zwei Prinzipien: die Ermutigung kindlicher Initiative und Selbstbetätigung sowie die Kompensation der Behinderung mit Hilfe des von ihr entwickelten Lern- und Übungsmaterials. Ähnlich kombinierende Vorgehensweisen waren Montessori bereits bekannt, und zwar durch die vom französischen Arzt Jean-Marie G. Itard (1775–1838) entwickelten und von dessen Schüler Edouard Séguin (1812–1880) ausgebauten Methoden für geistig behinderte Kinder. Montessori modifizierte die Methoden für die Unterrichtung sinnesbeeinträchtigter Kinder. Gezielt wurden Wahrnehmung, körperliche Kondition und Koordinationsleistung trainiert, wobei nicht nur physische Erfolge des übenden Kindes zählten, sondern auch seine Selbstkontrolle herausgefordert wurde. Die sichtbaren Fortschritte dieser Pädagogik ließen Montessori dazu übergehen, auch gesunden Kindern ihr Konzept angedeihen zu lassen. Wenn einzelne Störungen durch Training kompensierbar waren, so mussten sich auch Sinne und Energien gesunder Kinder entsprechend fördern lassen. Dazu müsse die noch nicht vollständig entwickelte Persönlichkeit des Kindes antizipiert werden oder, wie Montessori auch sagt, die »pädagogische Anthropologie« angewandt werden: Das erziehende Personal muss sensibilisiert sein für die vorhandenen, sich entfaltenden Fähigkeiten und Sinnesleistungen der jeweiligen kindlichen Entwicklungsphase. Mit diesen biologisch-physiologisch ausgerichteten Überlegungen verband sich ein sozialpädagogisches Motiv, als Maria Montessori 1907 im damals neu erbauten Arbeiterviertel San Lorenzo in Rom ihr erstes Kinderhaus, »Casa dei Bambini«, einrichtete. Arbeiterkinder, die tagsüber ohne jede pädagogische Betreuung und deshalb sozial vernachlässigt und in ihrer Entwicklung auf sich allein gestellt waren, wurden in diesem Kinderhaus ganztägig pädagogisch betreut. Hier lernten die Kinder einerseits das Gruppenleben kennen, das ihre sozialen Kompetenzen förderte; andererseits wurde ihnen ein umfassendes System individueller Lernanreize angeboten. Aus diesen individuellen wie gruppenbezogenen Lernsituationen entwickelten sich gewissermaßen schulähnliche Formen kindlichen Lernens. Anders als in den damals vorherrschenden partizipativ-emanzipatorischen Modellen der Reformschule, von sozialem Kompetenzerwerb und Betreuung – wie unter anderen von Jane Addams (1860–1935), Dewey (1859–1952) und dem deutschen Berufsschulbegründer Georg Kerschensteiner (1854–1932) formuliert – orientiert sich Montessoris Entwicklungs- und Lerntheorie sehr eng an biologischen und neurobiologischen Denkmustern. Aus Embryologie und biologischer Zelllehre wird die Idee eines immanenten Konstruktionsplanes übernommen, der ein organisierendes und ein integrierendes Moment der Selbstreferenz in sich trägt. Ergänzt wird dieses Verständnis durch eine Theorie der selektiven Wahrnehmung, also die Vorstellung, dass sich das System der Intelligenzleistung mittels selektiver Aufnahme und Verarbeitung von äußeren Reizen selbst aufbaut und strukturiert.

Eine angemessene zeitgenössische Interpretation der Pädagogik Maria Montessoris dürfte dadurch erschwert worden sein, dass sie zwischen den empirischen Erkenntnissen der Biologie und Medizin des 19. Jahrhunderts und den holistischen Lehren der Theosophie, zu welcher sie sich ab 1899 bekannte, hin und her pendelte. Da Montessori als Ärztin und Biologin den inhaltlichen Fragen von Lernen, Unterricht und Betreuung fern stand, sind weder ihre Lerntheorie noch ihr didaktisch formalisiertes Material im wissenschaftlichen Sinne als schulpädagogisch zu verstehen. Vielmehr muss beides vor dem Hintergrund ihrer zellbiologischen Erklärungsversuche eingeordnet werden. Ihren empirischen Beitrag zur erziehungswissenschaftlichen Forschung leistete Montessori konsequent in der experimentellen Ermittlung der äußeren Anreize für den sich spontan aufbauenden und organisierenden kindlichen Geist bzw. in der gelungenen »Passung« zwischen naturgegebenen kindlichen Entwicklungs- und Lernbedürfnissen und kognitiven Herausforderungen. In Montessoris Überzeugung sind die physische wie die psychische Entwicklung ein und denselben Naturgesetzlichkeiten unterworfen. Herkömmlicher pädagogischer Alltag bedeutet nach Montessori, dass Schülerinnen und Schüler in der Schule ein an der Systematik der Fächer ausgerichtetes Wissen überwiegend rezeptiv aufnehmen; in ihrem Konzept hingegen lernen Kinder mit Hilfe instinktiver Interessenkonzentrationen, und zwar in unterschiedlicher Dauer und Intensität, jenseits von autoritärem Drill und festgelegten Stundenplänen. Wegen ihrer schöpferischen Erziehungskonzeption immigrierte Montessori während der Zeit des italienischen Faschismus nach Indien; später siedelte sie um in die Niederlande, wo sie 1952 starb. Ihren pragmatisch orientierten Erziehungs- und Bildungszielen dienten ihre wissenschaftlichen Studien, welche weniger die Systematik als vielmehr eine erstaunliche Breite auszeichnet. Beinahe ebenso vielfältig und unüberschaubar ist Maria Montessoris praktische Wirksamkeit. Ihr Name dient heute weltweit als Etikett für alternative Erziehung und Schule.

Literatur:

Montessori, M.: Il Metodo della Pedagogia Scientifica applicato all'educazione infantile nelle Case dei Bambini. Cittá di Castello 1909; weitere Auflagen bis 1969; deutsche Ausgabe: Die Entdeckung des Kindes. Freiburg i. B. 1969

Böhm, W.: Die Montessori-Philosophie und ihre erziehungspraktische Relevanz. In: Röhrs, H. (Hrsg.): Die Schule der Reformpädagogik – heute. Düsseldorf 1986

Harth-Teter, W. (Hrsg.): »Kinder sind anders«. Maria Montessoris Bild vom Kinde auf dem Prüfstand. Würzburg 1996

MARTIN BUBER

(1878–1965)

Martin Buber ist einer der bedeutendsten Philosophen und Theologen des 20. Jahrhunderts und kann als zionistischer Denker, Bibelforscher, Erforscher des Chassidismus wie der Religion überhaupt bezeichnet werden. Einen internationalen Namen machte er sich aber auch in den Bereichen der Pädagogik, der Psychologie und Soziologie sowie als Vorreiter des jüdisch-christlichen Dialogs.

Buber wurde am 8. Februar 1878 in Wien geboren. Seine Kindheit verlebte er nach der Trennung seiner Eltern ab dem dritten Lebensjahr bei den Großeltern in Lemberg (Galizien). Buber selbst beschrieb seine Wurzeln rückblickend folgendermaßen: »Ich bin ein polnischer Jude, zwar aus einer Familie von Aufklärern, aber in der empfänglichen Zeit des Knabenalters hat eine chassidische Atmosphäre ihren Einfluß auf mich ausgeübt.« Damit charakterisiert Buber die verschiedenen Einflüsse, die seine Entwicklung geprägt haben. Der Großvater, Salomon Buber, war ein bedeutender Midrasch-Forscher, der ihn in die Welt des jüdischen Schrifttums, besonders in die hebräische Bibel einführte. Prägend ist für Buber zudem das Umfeld des Chassidismus, einer jüdisch-mystischen Erneuerungsbewegung, die sich im 18. Jahrhundert in Polen entwickelte. Auch das multikulturelle Milieu Lembergs, in dem unterschiedliche Sprachen nebeneinander praktiziert wurden, beeinflusste seine Entwicklung. Zum WS 1896/97 begann Buber sein Studium an der Philosophischen Fakultät der Universität Wien, es folgten Stationen in Leipzig, Zürich und Berlin. Zum Ende seines Studiums kehrte er nach Wien (WS 1901/02) zurück und promovierte 1904. Seine Lehrer waren unter anderen Wilhelm Dilthey (1833–1911) und Wilhelm Wundt (1832–1920).

Während seines Aufenthaltes in Berlin wurde er aktives Mitglied in der zionistischen Bewegung um Theodor Herzl und Mitbegründer einer zionistischen Ortsgruppe sowie des Vereins jüdischer Studenten in Leipzig (1898). Sein Engagement für die zionistische Bewegung zeigt sich darüber hinaus an seiner aktiven Beteiligung am 3. Zionistischen Kongress in Basel 1899 sowie seiner Arbeit als Herausgeber der jüdischen Wochenschrift *Die Welt* (ab 1901) und ab 1902 im *Jüdischen Verlag*. In dieser Zeit bahnte sich jedoch ein wachsender Zwiespalt zu Herzl bzw. eine Opposition zu dessen politischem Zionismus an, da Buber im Zionismus die Antwort auf das geistig-kulturelle Problem des modernen Judentums sah und zunächst eine Erneuerung des Judentums anstrebte. Nach dem Tod Herzls 1904 wandte sich Buber einstweilig von der zionistischen Parteiarbeit ab. Im gleichen Jahr kam es zu einem Zusammentreffen mit Gustav Landauer (1870–1919), dem Anführer der Revolution in Bayern 1918, der Buber für sein Konzept eines Religiösen Sozialismus entscheidende Impulse gab und mit dem ihn bald eine tiefe Freundschaft verband. Landauers religiös-sozialistische Anschauungen bildeten auch den Grundstein von Bubers späterem Eintreten für einen Kompromiss mit den Palästinensern.

Nach einer Arbeitsphase als Lektor im Verlag Rütten und Loening und Herausgeber verschiedener Schriften begann Buber 1922 seine Zusammenarbeit mit Franz Rosenzweig (1886–1929). Buber übernahm bis 1926 eine Lehrtätigkeit am Freien Jüdischen Lehrhaus Frankfurt a. M. Gemeinsam mit Rosenzweig begann er 1925 mit der Übersetzung der Hebräischen Bibel ins Deutsche. Diese Übersetzung wurde im Jahre 1937 fertiggestellt. An der Universität Frankfurt a. M. erhielt Buber für das Sommersemester 1924 und das Wintersemester 1930/31 einen Lehrauftrag für jüdische Religionsgeschichte und Ethik. Später wurde er dort zum Honorarprofessor für Religionswissenschaft ernannt. Seine Lehrbefugnis entzog man ihm allerdings im Oktober 1933 ebenso wie 54 weiteren Dozenten, unter anderen Theodor W. Adorno (1903–1969), Max Horkheimer (1895–1973) und Paul Tillich (1886–1965).

Martin Buber arbeitete in den Jahren bis 1929 aktiv an diversen Konferenzen und Tagungen zur Diskussion um die Erneuerung des Bildungswesens nach dem Ersten Weltkrieg mit. Bekannte Teilnehmer und Referenten waren neben Buber Carl Gustav Jung (1875–1961), Peter Petersen (1884–1952) und Wilhelm Flitner (1889–1990). Buber setzte sich in dieser Zeit ebenfalls für den Plan der Universitätsgründung in Jerusalem ein (Grundsteinlegung 1918) und unterstützte die Konzipierung von Volkshochschulen in Palästina (1924–1927).

Nach der Machtergreifung Hitlers 1933 blieb Buber in Deutschland und übernahm im selben Jahr die Leitung des Jüdischen Lehrhauses in Frankfurt a. M. Als Reaktion auf den Ausschluss jüdischer Pädagogen aus den öffentlichen Bildungseinrichtungen in Deutschland begann Buber mit dem Aufbau eines eigenständigen jüdischen Bildungs- und Schulsystems (Mittelstelle für jüdische Erwachsenenbildung bei der Reichsvertretung der Juden in Deutschland). Bis zu seiner Auswanderung nach Palästina 1938, nachdem die Nazis ihm seine Arbeit verboten hatten, war er im Lehrhaus tätig und führte Erwachsenenbildung durch, die er als Mittel der Wiederherstellung jüdischer Identität und als Form des geistigen Widerstands verstand.

Im November 1938 trat Buber eine Professur für Sozialphilosophie an der Hebräischen Universität Jerusalem an. Eine Professur für Pädagogik lehnte er mit der Begründung ab, dass ihn die Erziehung immer schon eher vom praktischen als vom theoretischen Gesichtspunkt her interessiert habe. Sein Engagement für die praktische Erziehungsarbeit setzte sich 1949, ein Jahr nach der Gründung des Staates Israel, fort: Buber baute das Seminar für Erwachsenenbildner auf, eine Ausbildungsstelle von Pädagogen für Immigranten. Er setzte sich für die friedliche Verständigung von Juden und Arabern ein sowie für die Versöhnung mit dem Nachkriegsdeutschland, wobei in der jüdischen Öffentlichkeit zunächst auch viele Proteste gegen ihn laut wurden. Buber begab sich auf mehrere Vortragsreisen nach Europa – auch nach Deutschland – und die USA. Zahlreiche Ehrungen wurden ihm dabei zuteil, wie die Verleihung des Hanseatischen Goethe-Preises in Hamburg (1951), des Friedenspreises des Deutschen Buchhandels (1953) und der Ehrendoktorwürde der Universität Heidelberg sowie des niederländischen Erasmuspreises. Am 13. Juni 1965 starb Martin Buber in Jerusalem.

Betrachtet man Bubers Gesamtwerk, so ist es nur schwerlich in ein System zu bringen: »Ich habe keine Lehre, aber ich führe ein Gespräch«, beginnt Buber seine *philosophische Rechenschaft*. Buber selbst verstand sich als Lehrer im Sinne des rabbinischen Bildungs-Ideals, wonach jüdische Überlieferung erzählend weitergegeben wird und der Erziehungsprozess in der Grundform des Gesprächs zwischen Lehrer und Schüler als gleichberechtigten Partnern stattfindet.

Eine mögliche Zugangsweise zum Gesamtwerk Bubers ist die Beschäftigung mit der Anthropologie, also der Frage, was den Menschen in seiner Wirklichkeit ausmacht.

Buber stellt heraus, dass das »Prinzip des Menschseins« ein doppeltes ist: Der Mensch als ein »Für-sich-Seiendes« bedarf eines »Gegenübers«, das ihn bedingungslos annimmt und bestätigt. Durch die Hinwendung zum Anderen, die sich aus der dialogischen Grundsituation der menschlichen Existenz ergibt, erfährt der Mensch, dass es »kein Ich an sich« gibt, sondern dass sich die Beziehung zu einem Anderen entweder im »Grundwort Ich-Du« oder im »Grundwort Ich-Es« gestaltet. Die Ich-Es-Beziehung verbleibt in der Gegenständlichkeit, kennzeichnet also die Beziehung des Menschen als Subjekt zu einem Objekt, einem manipulierbaren Gegenstand. Mit dem Ich-Es-Modus wird die wissenschaftliche und technologische Tätigkeit sowie die entfremdete Massengesellschaft bezeichnet, die in dem Gegenüber ein Mittel sieht, mit dem eigene Ziele und Interessen durchgesetzt werden können. Dieses Ich steht nicht in einer wirklichen Beziehung zu den Menschen, Gedanken, Institutionen seiner Umwelt. Dagegen reflektiert das Grundwort »Ich-Du« die persönliche und unmittelbare Beziehung eines Menschen mit seinem Gegenüber. Wesentlicher Ausdruck dieser Relation ist der Dialog. Der andere wird zu einem Gesprächspartner, der auf mich wirkt ebenso wie ich auf ihn einwirke. Das Ich-Du-Grundwort verleiht dem Menschenleben eine geistige Dimension, deren Höhepunkt Buber in der Beziehung zwischen dem Menschen und seinem »Ewigen Du«, seinem Gott, sieht. Diese auf Dialog ausgerichtete Gestalt des »wahren Menschenlebens«, die von Anteilnahme und von Gegenseitigkeit geprägt ist, mit aufzubauen, vertraut Buber der Erziehung an. Während die zeitgenössische Psychologie den Geltungsdrang, die Libido des Menschen, betone, wirke in der Seele eigentlich etwas Größeres, nämlich der Trieb nach Verbundenheit. Die Erziehung müsse daher in der pädagogischen Begegnung diesen Trieb freisetzen und pflegen. Insofern ist auch die Erziehungstheorie Bubers vom dialogischen Verhältnis her bestimmt. Grundsätze für ein Zwiegespräch, das auf einer echten Gemeinschaft beruht, sieht er vorbildhaft entwickelt bei Sokrates und Konfuzius sowie im Werk des dänischen Pädagogen Nicolai Frederik Severin Grundtvig (1783–1872). Pädagogisches Handeln ist in diesem Sinne nur dann wirksam, wenn es in einer Erfahrung der Gegenseite seine Quelle hat. Der Erzieher sollte sich deshalb zum Kind nie wie zu einem Objekt verhalten, auch wenn die Gegenseitigkeit der Beziehung hauptsächlich vom Erzieher wahrgenommen werden kann und nicht beidseitig, wie dies beispielsweise bei einer Freundschaft der Fall ist.

Als Erziehungsziel erklärt Buber die Erneuerung des Menschen, die Bildung eines »neuen Typus«. Ein solches Ideal sieht Buber in einem Handeln verwirklicht, welches die Herausforderungen der Situation so erfüllt, dass die eigene Einheit »des verantwortungswilligen Wesens« deutlich wird. Erziehung weist den Menschen auf »die Einheit des gelebten Lebens« hin und ist dabei einen »Schritt über die ganze Zweiheit von Individualismus und Kollektivismus hinaus (...) Erziehung zur Gemeinschaft«. Nur in der dialogischen Beziehung findet der Einzelne die eigene Einheit. Ferner betont Buber, dass der Erzieher, der den Menschen wieder zu dieser Bestimmung bringen soll, letztlich dazu hilft, seinen Zögling vor das Angesicht Gottes, in die Zwiesprache mit Gott zu stellen. In allen Zeichen im Leben des Menschen redet Gott den Menschen an und fordert ihn auf, zu ihm in Beziehung zu treten. So betont Buber: »In jedem Du reden wir das Ewige an.« Dennoch bleibt das »ewige Du« immer »das ganz Andere«, da es der Dinglichkeit entrückt ist. Buber begegnet somit der Problematik von Möglichkeit und Wirklichkeit eines dialogischen Verhältnisses zwischen Mensch und Gott im Sinne der chassidischen Überlieferung: »Wenn du das Leben heiligst, begegnest du dem lebendigen Gott.«

Martin Bubers Werk ist in vielfältiger Weise interpretiert worden, zahlreiche pädagogische Ansätze (beispielsweise John Scudder 1968 oder Howard Rosenblatt 1971) oder auch psychologische Strömungen verweisen auf Aspekte seines erzieherischen Gedankengutes, wobei teilweise eine Verschiebung oder selektive Veränderung der pädagogischen Theorie Bubers vorgenommen wurde.

Literatur:

Buber, M.: Dialogisches Leben. Gesammelte philosophische und pädagogische Schriften. Zürich 1947

Faber, W.: Das Dialogische Prinzip Martin Bubers und das erzieherische Verhältnis. Ratingen ²1967

Rosenow, E.: Mordechai Martin Buber (1878–1965). In: Tenorth, H.-E. (Hrsg): Klassiker der Pädagogik, Bd. II: Von John Dewey bis Paolo Freire. München 2003, S. 112–122

Werner, H.: Martin Buber. Frankfurt/M. 1994

HERMAN NOHL

(1879–1960)

Herman Nohl war einer der einflussreichsten Erziehungswissenschaftler des 20. Jahrhunderts. Er hat wesentlich zur
Etablierung der Pädagogik als eigenständige Wissenschaft an
der Universität und ihrer Differenzierung in Teildisziplinen beigetragen.

Nohl wurde 1879 in Berlin geboren. Sein Vater (ebenfalls
Hermann Nohl; der Sohn ließ das zweite ‚n' später zur Unterscheidung wegfallen) war Lehrer an einem renommierten Berliner Gymnasium mit angeschlossenem Internat, und so wuchs
Herman Nohl abseits des großstädtischen Lebens und Treibens
im geschützten Raum des Internats auf.

Nach seinem Schulabschluss nahm Nohl zunächst ein Me-
dizinstudium an der Universität in Berlin auf, wechselte dann
aber die Studienrichtung und wandte sich den Fächern Geschichte und Philologie zu. Von dem geisteswissenschaftlichen
und lebensphilosophischen Werk seines akademischen Lehrers
Wilhelm Dilthey war Nohl zutiefst beeindruckt. 1904 promovierte Nohl bei diesem mit einer Arbeit über *Sokrates und die
Ethik*. Ein Jahr darauf heiratete er Berta Oser, eine junge Frau
aus der Familie der Wiener Wittgensteins, und 1907 ging das
junge Ehepaar auf Empfehlung Diltheys nach Jena. Hier habilitierte sich Nohl 1908 bei Rudolf Eucken (1846–1926) mit der
Schrift *Die Weltanschauungen der Malerei*.

Der Erste Weltkrieg bedeutete für Nohl eine erschütternde
Erfahrung. 1915 wurde er eingezogen und war Soldat der Besat-
zungsarmee in Belgien. Obwohl er nur in der Militärverwaltung
tätig war, erlebte er doch recht unmittelbar die Kriegsgräuel
und dass etliche seiner Studenten nicht von der Front zurück-
kehrten. Diese Erlebnisse wurden für Nohl der Wendepunkt zur
Pädagogik. Nach Kriegsende und dem Zusammenbruch des
Wilhelminischen Reiches sah er gerade in der Pädagogik das
Betätigungsfeld, auf dem die Zerklüftung des deutschen Volkes

bezwungen werden konnte. Mit Hilfe der Erziehung sollten die Krisen der Nachkriegszeit und die allgemeine Kulturkrise bewältigt werden.

Zunächst engagierte sich Nohl in der Volkshochschulbewegung und gründete 1919 die Volkshochschule in Jena. Schnell folgten weitere Neugründungen in ganz Thüringen. Diese Einrichtungen sollten in der Nachkriegszeit Lebenshilfe leisten und die Spaltung des Volkes in »Gebildete« und »Ungebildete« überwinden helfen. Im Jahre 1920 erhielt Nohl in Göttingen einen »Lehrstuhl für Philosophie mit besonderer Berücksichtigung der Pädagogik«, der 1922 in einen »Lehrstuhl für Pädagogik« umgewandelt wurde. Wissenschaftlich begann für Nohl eine sehr produktive Phase, in welcher er sich vor allem Problemen der Sozialpädagogik widmete.

Deutschland befand sich damals in einer enormen Umbruchsituation. Der seit den 1870er Jahren herrschende Industrialisierungsschub stellte die traditionellen gesellschaftlichen Strukturen in Frage und forderte neue ethische Orientierungen. Es gab ein starkes Bevölkerungswachstum, eine zunehmende Verstädterung, und die Naturwissenschaften gewannen gegenüber den Geisteswissenschaften an Bedeutung. Der Kulturkampf und der sich ausweitende Sozialismus lösten kulturelle Selbstverständlichkeiten auf. Mit diesen Veränderungen einher ging eine Neuorganisation sozialer Handlungsfelder wie der Wohlfahrtspflege und der Jugendfürsorge in der Weimarer Republik. Hatte dieser Tätigkeitsbereich bis dahin in kirchlicher Obhut gelegen, so buhlten nun Mediziner, Psychologen, Anhänger der neu aufkommenden Psychoanalyse sowie Vertreter aus der Wirtschaft um Zuständigkeiten.

Nohl konnte sich erfolgreich in die Diskussion einbringen und bezog in Vorträgen, Gutachten und Initiativen Stellung zu den sozialpädagogischen Herausforderungen der Zeit.

Nohls Ansatz der Sozialpädagogik war getragen von der Idee, in Not geratenen Menschen zu helfen. Anders als die rein konfessionelle oder bürokratische Arbeit mit Verwahrlosten und sich abgrenzend von einer lediglich medizinischen Versorgung von Hilfsbedürftigen, versuchte er ein pädagogisches Ethos in der Jugendwohlfahrtsarbeit zu begründen mit dem Ziel der »Höherbildung der Menschheit«. Denn Nohl war der Auffassung, dass auch verwahrloste Kinder erziehbar seien und gerade einer pädagogischen Betreuung bedürften. Die Ursache für Verwahrlosung sah Nohl nicht primär in einem schlechten Milieu oder in angeborenen Defiziten, sondern in einem defizitären Aufbau der Seele. Vor allem an Plato anknüpfend, führt er aus, dass die Seele des Menschen vertikal in drei Schichten aufgebaut sei: eine Triebschicht (Bereich der Begierden), eine Schicht der vitalen Willensenergie (»Thymos«) und eine Schicht der freien Geistigkeit (»Nus«). Letztere könne nochmals unterteilt werden in die Interessen und die Ich-Einheit der Person. Nohls These zur Erklärung von Verwahrlosung lautet, dass »alle Verwahrlosung der Seele immer von oben nach unten geht, gesellschaftlich angesehen wie in der Einzelseele. Nicht die Begierden vergewaltigen die Seele, sondern die Schwäche des Zentrums ist immer der Grund für den Verfall.« Erziehung hingegen sei ein Prozess, der die Seelenschichten von unten nach oben anspricht. Zunächst würden die elementaren Bedürfnisse befriedigt, erst im Anschluss die höheren geistigen. Bei verwahrlosten Kindern sei der Aufbau der Seele defizitär, und es bedürfe des Wiederaufbaus im Rahmen des pädagogischen Bezuges zwischen Erzieher und Kind durch Maßnahmen, die das Kind als Ganzes fördern und ansprechen. So hebt Nohl z. B. die Wichtigkeit des Turnens, der sportlichen Betätigung für die rechte Ausbildung des Thymos hervor.

1927 veröffentlichte Nohl die Schrift *Jugendwohlfahrt. Sozialpädagogische Vorträge.*

In dieser werden das Spezifische sozialpädagogischer Theorie und Methode sowie ihre Grundprinzipien dargelegt.

In dem *Handbuch der Pädagogik*, das er als fünfbändiges Werk in den Jahren 1928 bis 1933 gemeinsam mit Ludwig Pallat (1867–1946) herausgegeben hat, unternimmt Nohl erstmalig den Versuch, eine grundlegende Systematik der sich differenzierenden Disziplin Pädagogik zu entwickeln. Nohls einleitende *Theorie der Bildung* aus dem ersten Band wurde fundamental für die gesamte Disziplin. Der Titel umfasst eine Gegenstandsbestimmung der Disziplin, eine Neuformulierung des pädagogischen Verhältnisses (Generationenverhältnis), Elemente einer pädagogischen Anthropologie und Bildungstheorie. Ausgangspunkt der Erörterungen Nohls ist die Frage, ob die wissenschaftliche Pädagogik ein Teilbereich der Philosophie bleibt, oder ob sie den Status einer eigenständigen universitären Disziplin erhalten kann. Eine Wissenschaft wird bestimmt durch einen eigenen Gegenstand, der mit spezifischen Methoden und Verfahren untersucht wird, und Nohl macht die »Erziehungswirklichkeit« zur Basis seiner Argumentation. Wie Schleiermacher (1768–1834) geht Nohl von der Würde (Dignität) der Praxis aus. Denn die Praxis von Erziehung findet unabhängig von Theorie statt, ist der Theorie vorgängig. Pädagogische Theorie ist deshalb verwiesen auf eine Orientierung an der Erziehungswirklichkeit, welche nur hermeneutisch (durch Auslegung) erschlossen werden kann. Das Verfahren der Auslegung ist bei der Erforschung geschichtlicher Phänomene der Pädagogik ebenso nötig wie für einzelne pädagogische Situationen. In den pädagogischen Situationen wird die dialektische Struktur der Erziehungswirklichkeit sichtbar. Sie kann erfasst werden durch das »pädagogische Erlebnis« des einzelnen Subjektes, aber auch durch die »pädagogischen Objektivationen« der Gesellschaft wie Institutionen, Gesetze, Theorien. Beide Perspektiven ergeben den Strukturzusammenhang »Erziehungswirklichkeit« und damit der Pädagogik »ihren Erkenntnisgegenstand und ihr besonderes Thema innerhalb der Wissenschaften«.

In dieser aufgezeigten Dualität von subjektivem Ich und kulturellen Objektivationen liegt nach Nohl die unaufhebbare »Grundantinomie des pädagogischen Lebens«. Erziehung orientiert sich zwar am einzelnen Zögling, findet aber immer statt im Kontext der sozialen Gemeinschaft und ihrer Kultur. Das bedeutet, der Erziehungsprozess ist grundsätzlich in Antinomien eingespannt, indem er Widersprüche zwischen dem Subjekt und den objektiven Gegebenheiten der Kultur, zwischen junger und älterer Generation, zwischen Erzieher und Zögling trägt. Das pädagogische Verhältnis, in welchem dieses Geschehen vollzogen wird, ist für Nohl der »pädagogische Bezug«, den er als Beziehung zwischen einem mündigen Erzieher und einem unmündigen Zögling charakterisiert: »Die Grundlage der Erziehung ist also das leidenschaftliche Verhältnis eines reifen Menschen zu einem werdenden Menschen, und zwar um seiner selbst willen, dass er zu seinem Leben und zu seiner Form komme.«

Ausgehend von der Erziehungswirklichkeit und mit der Konzipierung des pädagogischen Bezuges, der sich von allen anderen zwischenmenschlichen Beziehungen wie freundschaftliche, kollegiale und geschäftliche absetzt, legitimiert Nohl die Notwendigkeit einer autonomen Erziehungswissenschaft (gegenüber anderen Wissenschaften wie Medizin, Psychologie oder Soziologie), die das Phänomen der Erziehung mit ihrer ganz eigenen Spezifik zum Gegenstand hat.

In der Schrift *Die pädagogische Bewegung in Deutschland und ihre Theorie* (1933–1935) und dem erst nach seinem Tod herausgegebenen Werk *Die deutsche Bewegung* (1970) attestiert Nohl den reformpädagogischen Bestrebungen der 1920er Jahre ein gemeinsames historisches Fundament und eine gemeinsame Struktur. Dilthey hatte bereits eine »dichterische und philosophische Bewegung in Deutschland« zwischen 1770 und 1800 ausgemacht, der ein spezifischer kultureller Impuls innegewohnt haben soll. Nohl knüpft an diese Vorstellung an und verlängert diese Epoche bis in seine Gegenwart mit ihren zeitgenössischen reformpädagogischen Bewegungen. Er unterstreicht ihren gegen die »Wirklichkeit der absterbenden Aufklärung« gerichteten Charakter und deutet die verschiedenen pädagogischen und nicht-pädagogischen Reformbewegungen, die seit 1860 einsetzten, als »die Erneuerung jener Einheitsbewegung«, die nur vorübergehend gescheitert sei und sich nun auf die Wiederherstellung der Einheit des Lebens richte. Die zeitgenössische Krise sieht Nohl vor allem begründet in der Missachtung des Lebens selbst, das in der Moderne partikularisiert sei. Und die Bewegung der Reformpädagogik artikuliere eben diese Missachtung.

Der in der Geschichte typische Verlauf von pädagogischen Bewegungen besitzt nach Nohl drei Stadien: Zunächst richtet sich eine Bewegung nach der Individualität und Ganzheitlichkeit des Einzelnen, die sie zur Geltung zu bringen sucht. Es folgt eine Phase, in der die Bewegung auf weitere Kreise bzw.

die Masse ausgedehnt wird, womit sie Breitenwirkung erzielt. Schließlich werde ein neuer Glaube an die Legitimität der objektiven kulturellen Mächte sichtbar, denen sich der Einzelne und die Bewegung unterordnen. Arbeiterbewegung, innere Mission, Frauen- und Jugendbewegung sieht Nohl als Vorläufer der neuen pädagogischen Bewegung. In dieser seien die »geistigen Energien« früherer Bewegungen vereinigt: Sinn für die Gemeinschaft, Menschenrecht der Benachteiligten, Seelsorge, geistige Mütterlichkeit, Sozialstaatlichkeit und jugendliche Gemeinschaft.

1937 wurde Nohl von den Nationalsozialisten zwangsemeritiert. Die genauen Hintergründe für dieses Vorgehen gegen Nohl sind bis heute unklar. 1943 zog man ihn – er war bereits 64 – für kurze Zeit zum Arbeitsdienst ein. Nach Kriegsende erlebte Nohl einen Neuanfang in Göttingen. Er bekam seinen Lehrstuhl zurück und wurde zu einem wichtigen Berater für die Neuorganisation des Bildungswesens in Niedersachsen. So war Nohl an dem Aufbau des Schulwesens ebenso beteiligt wie an der Einrichtung Pädagogischer Hochschulen und engagierte sich auf kommunaler Ebene für die öffentliche Erziehung. 1947 wurde Nohl ordnungsgemäß emeritiert, wirkte aber noch weiter durch Publikationen in der von ihm mit herausgegebenen Zeitschrift *Die Sammlung*. Herman Nohl starb im Oktober 1960 und wurde in Göttingen beigesetzt.

Nohls Deutung der reformpädagogischen Strömungen als einheitliche Bewegung teilt die Fachwelt heute nicht mehr. Unbestritten aber sind seine vielfältigen Verdienste, die er sich im Wirken für das öffentliche Bildungswesen erworben hat. Seine tiefgehenden theoretischen Arbeiten zur Pädagogik (zur Theorie sozialer Arbeit, zur Anthropologie, zum Konzept von Erziehung und Bildung, zum Generationenverhältnis) geben der Fachwissenschaft bis heute wesentliche Impulse.

Literatur:
Nohl, H.: Jugendwohlfahrt. Sozialpädagogische Vorträge. Leipzig 1927
Ders.: Die deutsche Bewegung. Göttingen 1970

Nohl, H./Pallat, L. (Hrsg.): Handbuch der Pädagogik. 5 Bde. Langensalza 1928–1933

Dollinger, B.: Herman Nohl (1879–1960). In: Ders. (Hrsg.): Klassiker der Pädagogik. Die Bildung der modernen Gesellschaft. Wiesbaden 2006, S. 247–264

Klika, D.: Herman Nohl (1879–1960). In: Tenorth, H.-E. (Hrsg.): Klassiker der Pädagogik, Bd. II: Von John Dewey bis Paolo Freire. München 2003, S. 123–136

PETER PETERSEN

(1884–1952)

Als Begründer der realistischen Erziehungswissenschaft versuchte Peter Petersen, verschiedene Richtungen der internationalen Reformpädagogik miteinander zu verbinden. Die Ursprünge seines Werkes und seiner moralischen Ansichten finden sich dabei auch in seiner Biographie begründet.

Petersen wird am 26. Juni 1884 in Großenwiehe bei Flensburg geboren und als ältester Sohn eines Kleinbauern schon früh zur Mitarbeit in der bäuerlichen Familiengemeinschaft herangezogen. Im Kindesalter macht er die Erfahrung des »Füreinanderdaseins« und erlebt sinnerfüllte Arbeit sowie das Vertrauen, ihm zugewiesene Arbeiten auf dem Hof auch zu erfüllen. Der Besuch der einklassigen Dorfschule sorgt ebenfalls für positive Erfahrungen. Durch den »begnadeten« Schulmeister, den Küster Nissen, und dessen Sohn erhält Petersen die »allerbeste grundlegende Bildung«. Statt Belehrungen wird der unmittelbaren und selbständigen Auseinandersetzung mit der Lebenswelt und Kultur der Vorrang gegeben. Von 1896 bis 1904 besucht Petersen dann auf kirchliche Empfehlung das Königliche Gymnasium zu Flensburg. Im krassen Gegensatz zu dem Unterricht an der Dorfschule lehrt man hier den unkritischen Gehorsam. Petersens Gespür für soziale Ungerechtigkeiten hat hier seine Wurzeln, nicht zuletzt, weil er selbst als Bauernsohn Ausgrenzungen durch Mitschüler erfuhr. Nach dem Abitur wechselt Petersen an die ferne Universität Jena, da er »ganz allein (…) ohne Freunde aus der Schulzeit her, versuchen wollte, mit dem Leben fertig zu werden.« Weitere Stationen seiner akademischen Ausbildung waren Kiel (wo er 1906 mit einer religionshistorischen Arbeit den Preis der Theologischen Fakultät gewann), Kopenhagen und Posen. Bis 1909 studiert Petersen Geschichte, Philosophie, Englisch und Evangelische Theologie. 1908 promoviert er bei Rudolf Eucken (1846–1926) in Jena mit einer Dissertation über »den Entwicklungsgedanken bei Wilhelm Wundt, zugleich ein Beitrag zur Methode der Kulturgeschichte« und legt 1909 in Leipzig die Examina für das höhere Lehramt ab (darunter evangelische Religionslehre). Sein Referendariat absolviert er am Königlichen Carola-Gymnasium in Leipzig, und bereits nach einem halben Jahr wird er nach Hamburg an die Gelehrtenschule des Gymnasiums Johanneum abberufen. In Hamburg – der damaligen Hochburg reformpädagogischen Denkens – ist Petersen maßgeblich in der Schulreformbewegung aktiv und unterstützt die Forderung nach einer wissenschaftlichen Ausbildung der Volksschullehrer an der Universität. Ab 1920 arbeitet er in der kollegialen Schulleitung an der Lichtwerk-Schule in Hamburg mit, der einzigen Versuchsschule des Höheren Schulwesens. Hier wird ein jahrgangsübergreifendes ganzheitliches Lernen praktiziert sowie Koedukation, Behandlung lebensrelevanter Themen, Feste und Fahrten, Elternmitarbeit und -mitsprache. Im gleichen Jahr habilitiert sich Petersen mit der Schrift *Die Geschichte der aristotelischen Philosophie im protestantischen Deutschland.*

Nachdem Petersens Bewerbung auf den neu eingerichteten Lehrstuhl für Pädagogik an der Universität Hamburg abgelehnt worden ist, bekommt er 1923 den Ruf an die Universität Jena für die Nachfolgeprofessur des Pädagogen Wilhelm Rein. Dort wird Petersen vom Ministerium mit zwei Aufgaben betraut: Verlagerung der Volksschullehrerausbildung an die Universität sowie die Etablierung des Einheitsschulgedankens in Schulpraxis und öffentlicher Akzeptanz. So wird die an die Universität angegliederte Übungsschule schließlich zur weltweit bekannten »Jenaplan-Schule« ausgebaut, 1934 durch einen Fröbelkindergarten und während des Krieges um ein »Tagesheim für Kinder erwerbstätiger Mütter« erweitert.

1931 wird Petersen Mitglied im Christlich-Sozialen Volksdienst, für den er bei den Reichstagswahlen 1932/33 kandidiert. Ab 1933 arbeitet Petersen intensiver im Reichsverband Deutscher Evangelischer Schulgemeinden mit, dem er seit 1931 angehört, und setzt sich für den Erhalt der Bekenntnisschule ein. In einigen seiner Publikationen ist eine gewisse Anpassung an die Sprache des Nationalsozialismus jedoch nicht zu übersehen.

Die »Jenaplan-Schule«, seine Schriften und Vortragsreisen machen Petersen als Reformpädagogen international bekannt. Nach dem Krieg wird er mit dem Ausbau der Sozialpädagogischen Fakultät der Universität Halle/Wittenberg betraut. Allerdings werden seiner Arbeit immer häufiger Steine in den Weg gelegt – und die Universitätsschule als »politisch gefährliche Insel kapitalistischer Pädagogik« geschlossen. In der Hoffnung, sein Lebenswerk und seine pädagogischen Vorstellungen in Westdeutschland vertreten zu können, unternimmt Petersen 1950/51 noch eine Vortragsreise in die Bundesrepublik, kehrt jedoch enttäuscht zurück, weil sich ihm keine weitere berufliche Perspektive eröffnet hat. Peter Petersen stirbt am 21.3.1952 in Jena und wird in seinem Geburtsort Großenwiehe beigesetzt.

Angesichts der mannigfaltigen Traditionslinien wie dem Realidealismus, christlichem Traditionsgut sowie existenzphilosophischen Aussagen, auf die Petersen zurückzuführen ist, lässt sich sein Gesamtwerk insgesamt nur schwer beurteilen. Zudem ist es Petersen nicht immer gelungen, die unterschiedlichen Ansätze widerspruchsfrei und unmissverständlich miteinander zu verknüpfen. Trotzdem kristallisieren sich folgende Hauptthemen in seinen Veröffentlichungen heraus: Zum einen geht es ihm um die Begründung einer »eigenständigen Erziehungswissenschaft«. Unter »Pädagogik« versteht Petersen die Wissenschaft von der »Menschenführung«, also der intentionalen und bewussten Erziehung und Bildung. Diese Menschenführung mache allerdings nur einen Teil der eigenständigen »Allgemeinen Erziehungswissenschaft« aus. Deren Aufgabe bestünde darin, alle unterschiedlichen »Pädagogiken« zu begründen und zu ordnen und somit den theoretischen Rahmen für die gesamte Erziehungswirklichkeit zu liefern. Da Erziehung ein natürlich-menschliches Phänomen sei, habe sich die Erziehungswissenschaft mit der Frage »Was ist der Mensch?« auseinanderzusetzen, sprich Anthropologie zu betreiben und die gesamte Erziehungswirklichkeit zu beschreiben. Daraus ließen sich Normen und Leitlinien für die Wissenschaft der »Menschenführung« entwickeln. Diese Gedankenzusammenhänge erläutert Petersen in den Schriften *Allgemeine Erziehungswissenschaft* (1924), *Ursprung der Pädagogik* (1931) und *Pädagogik der Gegenwart* (1937). In diesem Zusammenhang steht auch seine Auffassung, dass der Mensch »von Natur aus gut« sei. Ein Verständnis, das in einer Metaphysik wurzelt, die das Sein und damit den Menschen als auf Gemeinschaft hin angelegt sieht. Dabei leugnet Petersen die Fehlbarkeit des Menschen nicht, sondern erkennt sie als überall wirksam: in Ichsucht, Machtstreben und Fanatismus. Unter Erziehung versteht er demgegenüber das Hineinwachsen des jungen Menschen in Geist und Freiheit (Vergeistigung).

Ein zweiter wesentlicher Aspekt in Petersens Pädagogik ist das schulpädagogische Konzept, der *Jena-Plan*. Petersens Zielsetzung bestand darin, eine »Lebensgemeinschaftsschule« bzw. eine »Schulgemeinde« zu bilden. Einflüsse der Jugend-, Landerziehungsheim-, Kunsterziehungs- und Arbeitsschulbewegung sowie einzelner Pädagogen und Pädagoginnen, z. B. Maria Montessori, sind dabei nicht zu übersehen. Schule soll nicht mehr als Unterrichten im herkömmlichen Sinne verstanden werden. Vielmehr wird pädagogisches Handeln von Petersen mit einer Erziehungsmetaphysik begründet, die von den unzerstörten Urformen mitmenschlichen Zusammenlebens in der Familie ausgeht, in der Schule Gespräch, Spiel, Arbeit und Feier als Grundformen der Bildung ausweist und auf diese Weise eine Art Abbild von Familie darstellt. Folgende Merkmale der herkömmlichen Schulpraxis wurden von Petersen als kinder- und lernfeindlich kritisiert: die starre Form der Jahrgangsklasse, der Stundenplan mit den isoliert angegebenen Fächern, der einseitige Frontalunterricht sowie die fehlende positive Atmosphäre in den kahlen Klassenzimmern und im Schulleben. Der Jena-Plan hingegen sah altersgemischte Stammgruppen vor, wandte sich gegen das Prinzip des »Sitzenbleibens« und sollte dem natürlichen Bildungsgefälle zwischen den einzelnen Schülerinnen und Schülern eher Rechnung tragen. Zudem wurde Wochenplanarbeit eingeführt, um die individuellen Fähigkeiten und Bedürfnisse der Schülerinnen und Schüler (zum Beispiel das unterschiedliche Lerntempo) besser berücksichtigen zu können. Der Frontalunterricht wurde aufgebrochen durch einen ständigen Wechsel von Freiarbeit, Kreis- und Kursarbeit und der Arbeit in Kleingruppen. Bei all dem spielte die Schulatmosphäre in Form von gemeinsamen Aktivitäten, Veranstaltungen, Feiern und einer engen Zusammenarbeit mit den Eltern eine große Rolle.

Spätestens Ende der 20er Jahre wird der Schulgemeindegedanke Friedrich Wilhelm Dörpfelds (1824–1893) aufgegriffen. Und so lautet der Wahlspruch der Jena-Plan-Schule: »Der Größte unter euch soll sein wie der Jüngste und der Vornehmste wie ein Diener« (Lukas-Evangelium Kap. 22, Vers 26). Die Gedanken der Bruderschaft, des Dienens und Helfens sollten im Schulleben umgesetzt werden. Erziehung sieht Petersen auch als geistige Urfunktion, um Güte, Liebe, echtes Mitleid, Andacht, Ehrfurcht in mitmenschlichen Beziehungen zur Entfaltung zu bringen.

Ein dritter spezifischer Aspekt in Petersens Werk ist die »Pädagogische Tatsachenforschung«. Auch hier war seine philosophische Deutung der Welt grundlegend. Drei Aufgaben der »Pädagogischen Tatsachenforschung« können genannt werden: (1) Sie diente der Erfassung, Klärung und Bewertung der Unterrichtspraxis der Jena-Plan-Schule. (2) Sie kann als Mittel dienen, im Bereich der Lehrerbildung in die Erziehungs- und Unterrichtswirklichkeit einzuführen und somit Theorie und Praxis miteinander zu verzahnen. (3) Sie wird von Petersen als notwendig erachtet, um eine »eigenständige« Erziehungswissenschaft sowie ein Erziehungsziel begründen zu können, das sich mit dem Anspruch der Allgemeingültigkeit aus den Beschreibungen und der Interpretation der Erziehungswirklichkeit ableiten lässt. In Petersens Schrift *Eigenständige (Autonome) Erziehungswissenschaft und Jena-Plan* heißt es: »Das Ziel der Erziehung ist daher zu formulieren und aufzustellen aufgrund der Kenntnis und Erkenntnis der in den Kindern und Jugendlichen angelegten und je entwickelten Kräfte in Richtung auf das *allgemeine* Menschentum, auf das Humanum schlechthin.« Auch wenn die von ihm gewählten Methoden aus heutiger Sicht nicht mehr für eine erforderliche Verbindung des empirischen und normativen Aspektes innerhalb der Erziehungswissenschaft ausreichen, so sah Petersen die Dringlichkeit dieser Aufgabe doch sehr deutlich und lieferte der Schulforschung damit entscheidende Denkanstöße.

Vierter Hauptaspekt im Werk Petersen ist sein Bemühen um die universitäre Lehrerausbildung. Als Professor an der Universität Jena setzte er sich vehement dafür ein, die Schullehrerausbildung aller Schulstufen zu integrieren. Das von ihm entwickelte Thüringer Modell, welches von 1924 bis 1928 praktiziert wurde, ist in einigen Grundgedanken bis heute aktuell. Das Studium wurde um ein erzieherisches Kernstudium zentriert, und Lehre, Forschung und Praxis wurden in einem dreijährigen Studium sowie einem in Kooperation mit der Universität stattfindenden praktischen Jahr miteinander verbunden.

Ungeachtet der Kritik, die Petersen aus verschiedenen Richtungen entgegengebracht wurde, ist Petersen insgesamt als Wegbereiter der äußeren und inneren Schulreform zu würdigen. Seine Betonung von Gemeinschaft und individueller Förderung des Einzelnen in der Schule stellen nach wie vor kritische Anfragen an den Schulbetrieb dar.

Literatur:

Petersen, P.: Allgemeine Erziehungswissenschaft, Bd. 1–3. Berlin/Mülheim a. d. Ruhr 1924–1954

Ders.: Schulleben und Unterricht einer freien allgemeinen Volksschule nach den Grundsätzen Neuer Erziehung (Der Jena-Plan, Bd. 1). Weimar 1930

Dietrich, T.: Die Pädagogik Peter Petersens. Bad Heilbrunn [6]1995

Kluge, B.: Peter Petersen. Lebenslauf und Lebensgeschichte. Heinsberg 1992

Kosse, W.: Peter Petersen (1884–1953). In: Scheuerl, H. (Hrsg.): Klassiker der Pädagogik, Bd. II: Von Karl Marx bis Jean Piaget. 2. Auflage, München 1991, S. 183–195

ANTON SEMENOWIČ MAKARENKO
(1888–1939)

Anton Semenowič Makarenko ist der namhafteste Vertreter der sowjetischen Pädagogik. Sein Ansatz umfasst nicht nur das bedeutendste sozialistische Modell der Sozialisationstheorie, sondern ist vor allem durch die konkrete pädagogische Praxis, die Arbeit mit verwahrlosten Kindern und Jugendlichen geprägt. Dabei fällt die Bewertung seiner Pädagogik sowohl in der Sowjetunion als auch im Westen extrem unterschiedlich aus: So galt seine Pädagogik im Osten ebenso als »antisowjetisch« wie als »bahnbrechend«, und im Westen wurde er als »pädagogischer Diktator« und »Klassiker der Pädagogik« bezeichnet.

Anton Makarenko wurde am 1. März (nach westlichem Kalender am 13. März) 1888 in der ukrainischen Kleinstadt Belopole als Sohn eines Eisenbahners geboren. Während der Vater ein eher wortkarger und verschlossener Mensch gewesen sein soll, der eine diszipliniert-spartanische Erziehung verfolgte, war seine Mutter, die adliger Herkunft war, eine lebensfrohe Frau. Beide Eltern haben wohl ihre Spuren in Makarenkos Persönlichkeit hinterlassen. So wird er später von seinem Freund Maxim Gorki als finster und wortkarg geschildert, halb Militär, halb Dorfschulmeister, jedoch stets bereit, »im Vorübergehen und ganz unmerklich liebevoll zu einem kleinen Kerl zu sein« und »einen kurzgeschorenen Kopf zu streicheln«.

Da Makarenko nicht im ärmlichen Proletariat, sondern in einer Facharbeiterfamilie aufwuchs, wurden ihm gewisse, wenn auch zunächst bescheidene Bildungsmöglichkeiten zuteil. So besuchte er die Eisenbahnschule in Belopole und anschließend eine vierjährige städtische Schule in Kremenčug. Hier absolvierte er in nur einem Jahr die Elementarschullehrerausbildung, so dass er bereits 1905, im Alter von 17 Jahren, seine Unterrichtstätigkeit in den Fächern Russisch, Zeichnen und Malen an der Eisenbahnschule in Krjukov aufnehmen konnte. In dieser Zeit unternahm er die ersten schriftstellerischen Versuche. Aufgrund von Konflikten mit dem Schulleiter wechselte Makarenko 1911 nach Dolinskaja. Nach weiteren drei Jahren Studium an einem Lehrerinstitut in Polvata erwarb er im Sommer 1917, dem Jahr der Februar- und der Oktoberrevolution, die Lehrerlaubnis für die höhere Schule. Für seine Examensarbeit *Die Krise der modernen Pädagogik* erhielt Makarenko eine Auszeichnung. Noch während seines Studiums hatte sich Makarenko einem illegalen Zirkel angeschlossen, der sich hauptsächlich mit den Schriften des führenden Theoretikers und Propagandisten der russischen Sozialdemokratie, Georgij Plechanov, beschäftigte. Das deutet darauf hin, dass Makarenko in seiner politisch-sozialen Haltung trotz der späteren Befürwortung des sowjetischen Systems tendenziell als gemäßigt einzuschätzen ist.

Wieder zurück in Krjukov erhielt Makarenko die Aufgabe, die örtliche Eisenbahnschule in eine höhere Elementarschule umzuwandeln. Pädagogisch orientierte er sich hierbei an reformpädagogischen Gedanken und bemühte sich als Schulleiter, durch bestimmte Maßnahmen die herkömmliche Schule in eine Erziehungsstätte zu verwandeln. So entwarf er eine kollektive Schulordnung, gründete ein Schulorchester und einen Theaterkreis, bot Schulwanderungen an und entwickelte ein Abteilungs- und Brigadesystem, das die Schüler zur Gartenarbeit in den Ferien verpflichtete. Makarenkos jüngerer Bruder Vitalij, der als Offizier in der zaristischen Armee gedient hatte, führte als Lehrer den Turnunterricht ein und integrierte auch militärische Übungen in das Schulleben. Anton Makarenko, der seinem eigenen Militärdienst nie etwas abgewinnen konnte, stand diesen Neuerungen zunächst ablehnend gegenüber.

1920 übernahm Makarenko den Aufbau einer Arbeitskolonie für minderjährige Rechtsbrecher in Poltava, die Gorki-Kolonie. Hier arbeitete er bis 1926 an »vorderster Front« gegen das große Problem der Kinder- und Jugendverwahrlosung, das in Folge von Weltkrieg, Bürgerkrieg und Revolution auf der neuen Regierung lastete. Die Zahl der Obdachlosen lag damals zwischen sieben und neun Millionen, verbunden mit einer hohen Kriminalitätsrate unter den Betroffenen. Dieser Herausforderung stellte sich Makarenko auch in den Jahren 1926 bis 1935 in Kurjaz und in der Dzeržinskij-Jugendarbeitskommune in Charkov.

Hier wurden von einer Untersuchungskommission massive Vorwürfe gegen Makarenko erhoben: Es komme zu »Maßnahmen physischer Einwirkungen«. Die Rede ist sogar von einem »Prügelsystem«, so dass Makarenko 1928 offiziell seine formale Entlassung erhielt, jedoch als Gehilfe des neuen Direktors weiterarbeitete. Allerdings war er kaum noch in der Lage, seine pädagogischen Vorstellungen durchzusetzen. 1935 übernahm er kurzzeitig das Kommissariat für Innere Angelegenheiten der Ukrainischen Sowjetrepublik in Kiev, bevor er von 1936 bis 1937 in der Nähe von Kiev noch einmal eine Arbeitskolonie leitete. Wegen gesundheitlicher Probleme konzentrierte sich Makarenko in seinen letzten drei Lebensjahren auf die schriftstellerische Arbeit. Mit verschiedenen Texten, besonders aber dem Roman *Ein pädagogisches Poem* (1935) war er inzwischen bekannt geworden. Sein Interesse galt nunmehr auch der Familienpädagogik, deren Stellenwert er neu hervorhob. Die Schrift *Ein Buch für Eltern* (1937) verband fiktive Geschichten aus dem Familienleben mit pädagogischen Ratschlägen für die »richtige Erziehung«. In zahlreichen Vorträgen und Aufsätzen wandte sich Makarenko an die Öffentlichkeit, äußerte sich zu Problemen der sowjetischen Erziehung in Schule und Familie und resümierte seine pädagogischen Erfahrungen mit der Kollektiverziehung. 1937 nahm er zunehmend auch politisch Stellung, wobei er sich mit teilweise lobenden Worten in die Nähe Stalins rückte. Obwohl ihm am 31.1.1939 der »Rotbanner-Orden« verliehen wurde, blieb ihm die Mitgliedschaft in der KPdSU verwehrt. Der Grund war wahrscheinlich, dass ein Bruder Makarenkos, ein weißgardistischer Offizier, im westlichen Ausland lebte. Da Makarenko nicht im Führungskader von Staat und Gesellschaft integriert war, wurde er von seinen Gegnern bis zu seinem Tode häufig polemisch und schonungslos kritisiert. Am 1. April 1939 erlag er – im Alter von nur 51 Jahren – einem Herzversagen. Erst nach seinem Tod wird Makarenkos Pädagogik durch eine Initiative von Freunden seiner Witwe als innovativ diskutiert und Makarenko selbst als »leuchtendste Figur der Geschichte der Sowjetschule« gelobt.

Inhaltlich und methodisch lässt sich Anton Makarenkos pädagogisches Wirken gut an seinem Roman über die Gorki-Kolonie

(*Ein pädagogisches Poem*) erfassen. Gleichzeitig verdeutlicht dieser Roman Makarenkos Form der erzählenden Pädagogik.

Zu Beginn des Romans steht der tägliche Kampf der Kolonie-Bewohner um die notwendigsten Dinge wie Nahrung und Kleidung sowie gegen Krätze, Läuse und andere Krankheiten im Mittelpunkt. Entscheidender aber ist die Erfahrung des Heimleiters (Makarenko), dass fünf Zöglinge (später waren mehr als 400 Zöglinge zu betreuen) jegliche erzieherische Annäherungen und Anweisungen sowie »die gesamte menschliche Kultur« radikal ablehnten. Makarenko und seine zwei Mitarbeiterinnen sehen sich dieser Situation hilflos gegenüber, auch die ihnen vorliegenden Lehrbücher über Erziehung sind ihnen keine Hilfe:

»Mich empörte der schlechte Stand der pädagogischen Technik und meine technische Ohnmacht. Widerwille und Zorn packten mich bei dem Gedanken an die pädagogische Wissenschaft: Wieviel Jahrtausende gibt es sie schon! Was für Namen, welch glänzende Gedanken – Pestalozzi, Rousseau, Natorp, Blonskij! Wieviel Bücher, wieviel Papier, wieviel Ruhm! Und zugleich eine Leere, es gibt gar nichts, nicht einmal mit einem einzelnen Rowdy wird man fertig, es gibt keine Methode, kein Werkzeug, keine Logik, einfach nichts. Eine seit Jahrhunderten während Scharlatanerie!«

Die Lage ändert sich erst, als Makarenko pädagogisch ausgleitet und in rasender Wut auf einen der Zöglinge einprügelt. Auf diese Weise verschafft er sich Respekt, was ihn und die Erzieherinnen zunächst in tiefster Weise verunsichert. Trotzdem hält Makarenko an seinem Ziel, die Zöglinge zu »neuen Menschen« umzuerziehen, fest und erarbeitet ein System unterschiedlicher Erziehungsmethoden. Makarenko nennt im Rahmen dieser Systematik als Prinzipien »Kollektiv«, »Selbstverwaltung«, »Kommandeurspädagogik«, »Disziplin«, »System der Perspektiven« und »Prinzip der parallelen pädagogischen Einwirkung«. Der Begriff des »Kollektivs« meint die Notwendigkeit, eine sinnstiftende Gemeinschaft zu bilden: »Das erste Merkmal eines Kollektivs besteht darin, daß es kein Haufen ist, sondern ein zielbewußt aufgebautes Organ, das fähig ist zu handeln (…).« Dazu bedarf es fundamentaler Anstrengungen. So wurde in der Gorki-Kolonie das Selbstversorgerprinzip eingeführt. Die Zöglinge übten demnach handwerkliche und landwirtschaftliche Tätigkeiten aus, während in der Dzeržinskij-Kommune sogar eine moderne Fabrik aufgebaut wurde. Auf diese Weise erreichte man, dass aus ehemaligen Rechtsbrechern Mitglieder des kommunistischen Arbeitskollektivs wurden.

Das Stichwort »Selbstverwaltung« beschreibt die Tatsache, dass die Zöglinge bewusst in die Verantwortung für das Führen und Erhalten des Kollektivs genommen wurden. So war die Vollversammlung das wichtigste Organ der Selbstverwaltung. Hier wurden Beschlüsse gefasst, Angelegenheiten der Kolonie geregelt und Verstöße gegen vereinbarte Regeln auf das Härteste bestraft. Der Vollversammlung waren mit dem Rat der Kommandeure und der Sanitätskommission weitere Selbstverwaltungsorgane zugeordnet. In alledem war die Disziplin – zur Schau getragen durch uniforme Kleidung, Märsche und Appelle – der wichtigste Indikator. Obwohl gerade dieser vorrangig »äußere« Aspekt am stärksten kritisiert wurde, bedeutete es für Makarenko einen Fortschritt in sittlicher Hinsicht zum kommunistischen Kollektiv, in welchem Einordnung und Disziplin letztlich Schutz, Geborgenheit und auch Freiheit sicherten. Gegen die Verfestigung von Hierarchien sah Makarenko vor, die Spitzen der Abteilungen regelmäßig auszuwechseln, um dem Einzelnen somit sowohl das Kommandieren als auch das Unterordnen zu ermöglichen.

Darüber hinaus arbeitete Makarenko in seinem System mit dem »Prinzip der parallelen Einwirkung«: Der Erwachsene soll gegenüber seinem Zögling vor allem als gleichwertiges Mitglied der Kommune auftreten. Dass der Erwachsene daneben auch Erzieher ist, soll dem Zögling verborgen bleiben. Die Erziehung des Einzelnen findet daher nicht in direkter Auseinandersetzung zwischen Erzieher und Zögling statt, sondern nimmt den Umweg über das Kollektiv und ist demzufolge wesentlich effektiver, da der Jugendliche keine direktiven Anweisungen von einer einzelnen Autorität erhält. Insgesamt geht es bei der pädagogischen Arbeit darum, »Perspektiven«, aber keine vorgefassten Idealzustände aufscheinen zu lassen, für die sich das Leben und Arbeiten des Einzelnen im Kollektiv lohnt. Makarenkos Methodik soll als »Werkzeug« für die Kollektiverziehung in Heimen dienen und stellt somit eher einen technologischen Ansatz dar.

Vor dem Hintergrund seines Lebenswerkes ist Makarenko als Erziehungstheoretiker, pädagogischer Erzähler und praktischer Pädagoge zu würdigen. Dass Makarenko trotz der – auch politischen – Hindernisse auf seinem Weg nicht resignierte, sondern bis in die letzten Lebensjahre hinein der praktischen Arbeit verhaftet blieb, zeichnet ihn gegenüber anderen bedeutenden Erziehungstheoretikern aus.

Literatur:

Makarenko, A. S.: Ein Buch für Eltern. Berlin 1954

Ders.: Ein pädagogisches Poem.»Der Weg ins Leben«. Mit einer Einführung von O. Anweiler. Frankfurt a. M./Berlin/Wien 1971

Froese, L.: Anton Makarenko (1888–1939). In: Scheuerl, H. (Hrsg.): Klassiker der Pädagogik, Bd. II: Von Karl Marx bis Jean Piaget. 2. Auflage, München 1991, S. 196–211

Siegfried Bernfeld

(1892–1953)

Der österreichisch-jüdische Psychoanalytiker und Pädagoge Siegfried Bernfeld formulierte in zahlreichen Publikationen eine radikale Kritik an der bürgerlichen Pädagogik. Mit seinem Werk *Sisyphos oder die Grenzen der Erziehung* (1925) klagt Bernfeld die Pädagogik an: Diese erweise sich als opportunes Instrument zur Anpassung an Machtziele der Herrschenden. Im Austausch mit ähnlich denkenden Zeitgenossen und früheren reformpädagogischen Versuchen entwirft Bernfeld seine Ideen einer Reformpädagogik, die er auch in der Praxis erprobt.

Bernfelds *Sisyphos*, in welchem er die Grenzen des konservativ-bürgerlichen Erziehungsbegriffes (seiner Zeit) darstellt, wendet er konstruktiv in seinem Konzept jüdisch-sozialistischer Reformpädagogik an. Beide Elemente, die Analyse des Autors und dessen reformpädagogische Ideen, sind in der theoretischen

und praktischen Fortschreibung heutiger Sozialpädagogik auf-
gegangen, allerdings meist ohne Bezugnahme auf Bernfelds
multidimensionales Werk. Erst in den 1960er und 70er Jahren
wurden Bernfelds Ideen zur antiautoritären Erziehung von der
Studentenbewegung und der daraus entstandenen »Heimkampagne« in Deutschland rezipiert.

Siegfried Bernfeld, am 7. Mai 1892 geboren, wuchs in Wien
auf, wo er führend in der sozialistisch geprägten jüdischen Jugendbewegung aktiv war. 1912/13 gründete er ein politisch-
geistiges Forum, den sogenannten Sprechsaal, das mit seinen
jugendlichen Mitgliedern Reformvorstellungen zu Schul- und
Bildungswesen erarbeitete. Das Konzept des Sprechsaals wurde später in das Jüdische Institut für Jugendforschung und Erziehung integriert. Bereits als Jugendlicher lernte Bernfeld die
reformpädagogischen Ideen Gustav Wynekens, dem Begründer
der Freien Schulgemeinde Wickersdorf (1906), kennen. Bernfeld
studierte verschiedene naturwissenschaftliche Fächer sowie
Pädagogik, Psychologie, Philosophie und Soziologie. 1915 promovierte er in Wien mit einer Arbeit *Über den Begriff der Jugend*.
Im Zuge des aufkommenden Antisemitismus während des Ersten Weltkriegs wandte sich Bernfeld der zionistischen Bewegung zu und hatte 1917 bis 1921 leitende Funktionen in der Ju-
genderziehung des Zionistischen Zentralrats in Österreich inne.
Zudem wirkte er aktiv an der Herausgabe von Zeitschriften der
Jugend- und Reformbewegung mit.

Bernfelds Interesse galt der Psychoanalyse. Er war Schüler, Mitarbeiter und Kollege von Sigmund Freud und arbeitete für das Lehrinstitut der Psychoanalytischen Vereinigung
in Wien, zu dessen Sekretär er 1922 gewählt wurde. Anfang
der 20er Jahre gründete Bernfeld ein Kinderheim für jüdische
Kriegswaisen im Wiener Vorort Baumgarten. Hier sollte mit
pädagogischen, literarischen, fachpolitischen und berufshand-
werklichen Kursangeboten nicht zuletzt die Auswanderung
von Kindern (und Personal) nach Palästina vorbereitet werden.
Bernfeld entwickelte sich zum programmatischen Theoretiker
der Kibbuz-Erziehung. Doch aufgrund unüberwindbarer Auseinandersetzungen mit Verwaltung und Trägerschaft des Kin-

derheims Baumgarten wurde es bereits nach einem halben Jahr wieder geschlossen.

1925 bis 1932 war Bernfeld Mitglied der Berliner Psychoanalytischen Vereinigung, wo er das Lehrgebiet »Psychoanalyse und Pädagogik« vertrat. Er lehrte an der Deutschen Hochschule für Politik über Jugendfürsorge. Eine Professur an der Berliner Universität wurde jedoch von gutachterlich wirkenden Professoren und der Kultusbürokratie vereitelt. 1933 emigrierte Bernfeld mit seiner Frau Suzanne Cassirer und Familie in die USA, wo er in San Francisco am Aufbau der dortigen Psychoanalytischen Vereinigung mitwirkte. Gemeinsam mit seiner Frau widmete er sich der Erforschung der Freudbiographie.

Siegfried Bernfeld starb 1953 in San Francisco.

In seinem 1925 erschienenen Buch *Sisyphos oder die Grenzen der Erziehung* vergleicht Bernfeld die Aufgaben der Pädagogik mit den Bedingungen der Erziehungswirklichkeit und fordert, Pädagogik müsse ihre herrschaftsstabilisierenden, ideologischen Funktionen erkennen und abstreifen. Er lässt den fiktiven »Unterrichtsminister Machiavell« die Situation des bürgerlichen Erziehungswesens propagieren, das durch folgende Punkte charakterisiert ist: Trennung der bürgerlichen von der proletarischen Jugend durch eine unüberwindbare Bildungskluft; willkürliche Praktiken des Schulwesens; Universitätsstudium ist den begüterten Klassen vorbehalten; »Zwangsarbeit« für die proletarische Klasse in den Fabriken ab dem 13. Lebensjahr; Sicherung öffentlicher Ordnung durch Verfestigung der Standesbarrieren; Antisemitismus in allen gesellschaftlichen Bereichen. Der fiktive Unterrichtsminister spricht reale – äußerst negative – Visionen in der dichotomen Gesellschaft mit ihren nationalistisch-antisemitischen Tendenzen aus. Bernfeld lässt hier somit eine konstruierte Figur die üblen Umstände dünkelhafter Erziehungspraktiken formulieren. Deren Auswirkungen werden, so Bernfeld, seitens der Pädagogik verschleiert und ideologisch gerechtfertigt. Die Erziehungsorganisation findet als Reaktion der Gesellschaft auf den erreichten Status, das heißt im Rahmen der ökonomischen und sozialen Strukturen der Gesellschaft statt. Die soziale *Grenze der Erziehung* zeige sich eben darin, dass

Erziehung niemals die Vorbereitung auf Strukturveränderung der Gesellschaft gewesen sei, sondern immer als deren Folge vollzogen würde. Bernfeld folgert, dass »irgend beträchtliche« Änderung im Erziehungsbereich ihrerseits grundlegende Veränderungen der Gesellschaftsstruktur voraussetzen: Vom Erziehungsbereich selbst, also von der Summe pädagogischer Handlungen, könnten solche Veränderungen nicht ausgehen, sie seien Sache von Politik und Klassenkampf.

Als Bedingung für Erziehung verweist Bernfeld auf die ontogenetische Entwicklung des Menschen. Nur mit ihr sei Erziehung möglich, und umgekehrt bedürfe sie der Erziehung, da menschliche Individuen ohne Erziehung, im Sinne der Einsozialisierung in gesellschaftliche Verhältnisse, nicht lebensfähig seien. Kindheit in der Erwachsenengesellschaft ist nach Bernfeld die Voraussetzung für Erziehung. Die Summe der Reaktionen auf den Entwicklungsverlauf beim Kind nennt Bernfeld Erziehung, die er gleichzeitig als gesellschaftlichen Prozess definiert. Pädagogik hingegen beschreibt Bernfeld als eine Art Einführung in das System von Normen, Rollen und Anweisungen, wodurch Kenntnisse und Bewusstseinsinhalte – im Sinne von Techniken – erworben werden können, nicht aber Verhaltensweisen, die sich wiederum durch Selbstständigkeit auszeichnen.

Die Veränderung der Erziehungsqualität, so plädiert Bernfeld, sei zu erreichen, wenn sich pädagogische Handlungen auf die Erkenntnisbasis der Freud'schen Psychoanalyse ausrichten. Stattdessen operiere die Pädagogik aber intuitiv auf der Basis eines naiven, an eigener Erinnerung orientierten Kindbegriffs. Als weitere adäquate Reflexionsbasis der Erziehungswissenschaften (neben der Psychoanalyse) benennt Bernfeld den Historischen Materialismus. Beide Reflexionsinstrumente, die Psychoanalyse und der Historische Materialismus, sind an die Erforschung der Geschichte der Phänomene gebunden. Bernfeld betont, dass dies unter den verschiedenen psychologischen Schulen ausschließlich der Psychoanalyse zugeschrieben werden kann. Die Verknüpfung beider Theoriestränge, die auch in der Kritischen Theorie der Frankfurter Schule formuliert wird, propagiert Bernfeld im Zuge des erstarkenden Nationalsozialismus. Denn dessen Bürgertum fordert vom Schulsystem Disziplin und Unterweisung statt autonomes Lernen und Dialog.

Bernfeld beobachtet, wie gering die Einsicht in die »eigentlichen« Bildungs- und Erziehungsprozesse ist, so dass nicht gesagt werden könne, welchen Anteil das Schulwesen am Resultat der Erziehung und ihrer geheimen Kräfte hat. Die Schule trenne das Kind vom Leben und vom Lernen. Eine Feststellung, die, wenn auch in unterschiedlichen Nuancen, bis heute als gültig angesehen wird. Denn aktuelle Veränderungen in der Struktur familialen Zusammenlebens erfordern dringend ein Nachdenken über ein neues Profil von Lernen und Erziehen in der Schule.

Eine weitere *Grenze der Erziehung* ist laut Bernfeld jene, »die durch die seelischen Tatsachen im Erzieher gegeben ist«. Bernfeld erläutert den psychoanalytischen Erklärungszusammenhang, worin kindliche Wünsche, Erlebnisse und Affekte, die dem Ich (der erziehenden Person) nicht präsent sind, ins Unbewusste verdrängt werden, wo sie willkürlich auf das Handeln, Denken und Lieben einwirken. Auf breiterer Basis finden diese Erkenntnisse erst mit den berufspolitischen Forderungen der erwähnten »Heimkampagne« der 1960er/70er Jahre Beachtung, da ein offensives Eintreten für eine demokratisch konzipierte und praktizierte öffentliche Erziehung nun nicht mehr von engagierten Einzelpersonen getragen wird. So wird die von Bernfeld antiautoritär gewendete Gemeinschaftspädagogik neu entdeckt.

Aktualität wohnt auch Bernfelds reformpädagogischen Konzepten inne, die er in der Schulgemeinde des Kinderheims Baumgarten in Wien und im Kinderheim AHAWAH in Berlin realisierte. Sein reformpädagogischer Grundgedanke ist durch mehrere, im Folgenden skizzierte Komponenten gestützt:

1. Die *sozialpädagogische* Komponente

Bernfelds Konzept wendet sich an Not leidende, gefährdete Kinder. Es sind Heranwachsende, die der öffentlichen Fürsorgeerziehung überantwortet sind. Ihnen soll eine angemessene

Erziehungsalternative eröffnet werden. Die Schulinitiativen verstehen sich »nicht als Schule, nicht als Heim« im herkömmlichen Sinne, »sondern als lebendigen Organismus«, der die Erziehung nicht vom Leben trennt, sondern die Lernpraxis mit der realen Lebenspraxis der Gemeinschaft – und wenn möglich – mit der beruflichen Ausbildung und Arbeit verknüpft.

2. Die *kollektive* Komponente

Die Kinder lernen prozessorientiert in den von ihnen und den ErzieherInnen/LehrerInnen organisierten Gruppen bzw. Gemeinschaften. Die Schule ist das Gemeinwesen, das sie mitgestalten.

3. Die *partizipative* Komponente

Die Kinder sind zusammen mit den Erzieherinnen und Erziehern die Akteure des Erziehungsprozesses. Nicht nur Inhalte, sondern auch das Bedingungsgefüge – »den sozialen Ort des Handelns« – gestalten die Kinder mit. Ziel ist es, zur sozialen Realität zu erziehen, ohne vorgefertigte Wertpräferenzen für Lebensentwürfe zu setzen.

4. Die *jüdische* Komponente:

Hier fließen Traditionslinien des jüdischen Bildungsbegriffs insofern ein, als das Lernen der Schüler in unterschiedlichen Altersgruppen gemeinsam mit dem Lehrer bereits im Talmud empfohlen wird. Die im Judentum geltende Lernform lässt sich mit heutigen Worten als autonomes Lernen bezeichnen. Um dies zu veranschaulichen, sei die Bar Mizwa bzw. Bat Mizwa der evangelischen Konfirmation gegenübergestellt: Die jüdischen Jungen und Mädchen singen einen Thora-Abschnitt vor und legen ihn eigens aus; sie beziehen sich dabei auf frühere Gelehrte. Die Konfirmandinnen und Konfirmanden hingegen beantworten Fragen aus dem Katechismus. Bei Ersteren führt selbständiges Interpretieren zum Ergebnis. Und dem Lehrer kommt in den Lernzeiten eine begleitende, unterstützende Funktion zu, wodurch sich ein gleichwertiges Schüler-Lehrer-Verhältnis entwickeln kann. Die Konfirmandinnen und Konfirmanden, deren Lernergebnisse eher Reproduktionen darstellen, eignen sich diese in einem letztlich hierarchischen Schüler-Lehrer-Verhältnis an. Lernen im Judentum bedeutet gemeinschaftliches – lebenslanges – Lernen und selbstständiges Interpretieren.

Diese vier Grundsätze entfaltet Bernfeld in seinem Entwurf der Reformpädagogik. Zugleich setzt Bernfeld auf die Alltagserfahrung mit ihren Ritualen, Symbolen und Arrangements zur Stiftung jüdischer Identität – und nicht allein auf die Emphase der Personalität von Begegnungen oder auf den Erlebnischarakter spektakulärer Aktionen.

Auch wenn Bernfelds Verknüpfung von Psychoanalyse und Sozialismus als Grundlage eines pädagogischen Gesamtentwurfs heute nicht mehr tragfähig ist, bleibt das kritische Potenzial seines Buches *Sisyphos* heute doch nach wie vor aktuell.

Literatur:

Bernfeld, S.: Sisyphos oder die Grenzen der Erziehung. 8. Auflage, Frankfurt/M. 2000 (1. Auflage, Leipzig 1925)

Ders.: Kinderheim Baumgarten. Bericht über einen ernsthaften Versuch mit neuer Erziehung. Berlin 1921

Fallend, K.: Von der Jugendbewegung zur Psychoanalyse. In: Fallend, K.; Reichmayr, Johannes (Hrsg.): Siegfried Bernfeld oder die Grenzen der Psychoanalyse. Materialien zu Leben und Werk. Basel, Frankfurt/M. 1992

Herrmann, U.: Bernfelds pädagogische Themen und ihr »Sitz im Leben« – ein biographischer Essay. In: Hörster, R.; Müller, B. (Hrsg.): Jugend, Erziehung und Psychoanalyse. Neuwied, Kriftel, Berlin 1992

Herrmann, U.; Bühler, Ch. von: Bibliographie, zusammengestellt 1990. In: Fallend, Karl;

Hörster, R.; Müller, B. (Hrsg.): Jugend, Erziehung und Psychoanalyse. Neuwied, Kriftel, Berlin 1992

PAULO FREIRE

(1921–1997)

Paulo Reglus Neves Freire kann durchaus als einer der bedeutendsten Pädagogen des 20. Jahrjunderts bezeichnet werden. Freires Ansatz einer *befreienden Erziehung* steht in der Tradition der Volksbildungsbewegung (educación popular) in Lateinamerika. In dieser Bewegung wird Lernen als ein auf Lebenssituationen (Lebenswelt) bezogener Prozess der Veränderung sozialer Wirklichkeit verstanden.

Paulo Freire wurde am 19. September 1921 in Recife, einer Hafenstadt im Nordosten Brasiliens, im Bundesstaat Pernambuco geboren. Sein Vater war Offizier bei der Militärpolizei, die Mutter eine gläubige Katholikin. Der Respekt, den man sich im Elternhaus gegenseitig entgegenbrachte, prägte Freires Entwicklung nachhaltig. Obwohl seine Familie der Mittelschicht angehörte, erlebte er als Kind Hunger und materielle Not, die in Brasilien allgegenwärtig war und durch die Weltwirtschaftskrise (1929–1932) noch verstärkt wurde. Dennoch konnte Freire nach der Schulausbildung ein Studium der Rechtswissenschaft aufnehmen, das er allerdings immer wieder unterbrechen musste, um seine Familie zu unterstützen. Den Beruf des Rechtsanwalts gab er relativ schnell wieder auf, um Lehrer zu werden. 1944/45 unterrichtete er an der Sekundarschule seiner Heimatstadt und begann, sich in der Gewerkschaft zu engagieren. Aufgrund dieses Engagements wurde ihm 1946 eine Stelle im »SESI«, einer von Staat und Industrie gleichermaßen getragenen sozialen Einrichtung zur Betreuung der Arbeiterschaft, angeboten. Es folgten Jahre intensiver Tätigkeit für die Arbeiter und ihre Familien. Freire wurde mit allen Problemen der sozial Schwächsten konfrontiert und leitete Kurse zur Erziehung, Alphabetisierung, politischen Schulung usw. Mitte der 50er Jahre wurde ihm für sein großes Engagement die Ehrendoktorwürde der Universität Recife verliehen. Ab 1955 lehrte er als außerordentlicher Professor für Geschichte und Philosophie der Erziehung an der Universität Recife.

Anfang der 60er Jahre erhielt Freire das Angebot der Verwaltung von Recife, sein ÷ nun schon lange Zeit erprobtes – Modell zur Alphabetisierung auszuweiten. Seine Pläne, dieses Konzept auf weitere Gebiete Brasiliens zu übertragen, erfuhren durch den Putsch des Militärs 1964 ein jähes Ende. Freire wurde für 70 Tage interniert und dann gezwungen, ins Exil zu gehen. Er hielt sich zunächst in Chile auf, wo er UNESCO-Experte für Bildungsfragen wurde. Ab 1968 hatte er eine Gastprofessur in Harvard inne, bis er 1970 Sonderberater für Bildungsfragen beim Ökumenischen Rat der Kirchen in Genf wurde. Freire unterstützte in dieser Zeit jüngst unabhängig gewordene afrikanische Staaten in ihrer Suche nach alternativen Wegen zum westlichen Bildungssystem und wirkte auch an den Erziehungsreformen in Peru und Nicaragua mit. So koordinierte er Alphabetisierungsprojekte in Tansania, Guinea-Bissao, Angola, Mosambik, São Tomé und Principe. 1980 kehrte Freire aus dem Exil nach Brasilien zurück, um dort als Universitätslehrer und später als Erziehungsminister in São Paulo zu arbeiten. Bis zu seinem Tod unterstützte er die Mitglieder der sozialen Bewegungen im Kampf um ihr elementares Recht auf Bildung. Paolo Freire starb 75-jährig am 2. Mai 1997 in São Paulo.

Vor dem Hintergrund zugespitzter Gewaltverhältnisse in Lateinamerika entwarf Freire in der Auseinandersetzung mit christlicher Existenzphilosophie, Phänomenologie und marxistischer Theorie eine anthropologische Begründung von Emanzipation. Dabei steht das wirklichkeitsverändernde, dialogische Handeln im Mittelpunkt. Sein Konzept ist zugleich eine Theorie der Praxis forschenden Handelns. Die Verknüpfung von analytisch betrachteter Praxis und theoriegeleitetem gesellschaftsveränderndem Handeln bildet dabei die Grundfigur.

Freire kritisiert eine anti-dialogische Übermittlungspädagogik, in der Lernende zu passiven Empfängern von Lernstoff degradiert werden. Diese Erziehungsform bezeichnet er als »Bankiers-Konzept«. In der Sprache des Bankwesens vergleicht Freire Erziehung mit einer »Spareinlage«. Der Lehrer als »Anleger« deponiert im sich passiv verhaltenden Schüler, also dem Anlageobjekt, das Wissen, das beliebig abrufbar ist. Die einzige

Aufgabe, die dem Schüler zukommt, ist, das abgelegte Wissen zu ordnen, um es verfügbar zu halten. Zum einen kritisiert er hiermit das asymmetrische Verhältnis zwischen Lehrer und Schüler deutlich: Während der Lehrer für sich den Status des Subjektes in Anspruch nimmt, degradiert er den Schüler zum Objekt, so dass kein Dialog zwischen beiden stattfinden kann. Zum anderen wird bemängelt, dass die vermittelten Inhalte keinerlei existenziellen Bezug zur Lebenswelt der Schüler aufzeigen. Das aufgestapelte Wissen der Lernenden ist sinnentleert, es fördert die Entfremdung zur eigenen Kultur. Menschen werden auf diese Weise in ihrer Fähigkeit zum selbständigen Erkennen von Wirklichkeit beeinträchtigt und an der politischen Mitgestaltung der Gesellschaft gehindert.

Als Gegenbild entwickelt Freire das Modell einer befreienden Pädagogik, das zu kritischem Bewusstsein und verändernder politischer Aktion befähigen möchte. Freires Konzeption hat zum Ziel, den Mythen bildenden *Charakter* eines Wissens aufzudecken, das Lernende mit ihrer Situation der Unterdrückung versöhnen soll. Die konstruierte Wirklichkeit der Unterdrücker wird demaskiert, um die Realität der eigenen Existenz zu erkennen. In das Zentrum von Lernprozessen rücken daher die gesellschaftlichen Verhältnisse, die Subjekte in Abhängigkeit halten, die Menschen in ihren Entwicklungsmöglichkeiten beschneiden, soziale Ungleichheit festigen und kulturelle Marginalisierung legitimieren. Freires problemformulierende Methode soll die im Dialog Stehenden zu kritischen Denkern und Verwandlern der Welt werden lassen. *Problemformulierende Bildung* ist ein Prozess der Wahrnehmung, ein Prozess der Erkenntnis und der Suche nach Lösungsmöglichkeiten zur Veränderung der Welt, welche dann wiederum die Erkenntnis vorantreiben. Lernen wird als kollektiver Prozess verstanden, durch den Machtbeziehungen in Frage gestellt und modifiziert werden.

Wichtig in Freires Ansatz ist, dass die Begriffe »Lehrer« und »Schüler« ihre Legitimation verlieren. Alle teilnehmenden Akteure des Erziehungsprozesses sind Subjekte, die sich auf horizontaler Ebene begegnen und in der gemeinsamen Reflexion und Aktion tätig werden. Erkenntnis ist diesem Verständnis nach ein dynamischer und offener Gegenstand und nicht der

Besitz einer einzelnen Person. Freire betont: »Auf diese Weise gestaltet der problemformulierende Pädagoge seine Reflexion beständig in der Reflexion der Schüler um. Die Schüler – nicht länger brave Zuhörer – sind nunmehr die kritischen Mitforscher im Dialog mit dem Lehrer.«

Freires Pädagogik der Befreiung begibt sich in die Auseinandersetzung mit den Lebenswelten und Kulturen der Benachteiligten. Voraussetzung des problemformulierenden Lernens ist das Eintauchen in die Lebenswelt der Lernenden mittels der thematischen Untersuchung. Dabei kommt es darauf an, den Grundwortschatz, die generativen Themen zu finden, in denen sich Kernprobleme der Situation Benachteiligter verdichten. Das geschieht in verschiedenen Schritten: In Gruppenarbeit erfolgt zunächst eine Situationsanalyse, das heißt, die unmittelbare Lebenswelt der Teilnehmenden wird gemeinsam auf Ursachen und Formen der Unterdrückung, Benachteiligung und Abhängigkeit hin untersucht. Es folgt eine Verdichtung des gefundenen Materials zu Problemkernen (Schlüsselthemen) und eine didaktische Aufbereitung (Codierung), z. B. durch Bilder, Zeichnungen oder Fotos. Als Abschluss des Prozesses decodieren die Teilnehmenden die Schlüsselthemen für die eigene Lebenswirklichkeit wieder. In dieser Rückwärtsbewegung erkennen die Lernenden die Gründe für ihre Lebenssituation, sind aber auch durch den Akt der Bewusstwerdung (*conscientización*) in der Lage, Möglichkeiten der Veränderung zu entwickeln und umzusetzen.

Wenn unter Erziehung alle Maßnahmen und Prozesse verstanden werden, die dem Menschen helfen sollen, seine Kräfte zu entfalten und in seine Menschlichkeit hineinzufinden, so bedeutet dies für Freire auch, die Bedingungen und Möglichkeiten für gelingende Erziehung auf politischer Ebene durchzusetzen. Freires Ansicht, Pädagogik könne niemals neutral sein, macht deutlich, dass er Pädagogik und Politik als untrennbare Einheit sieht. Für ihn ist es undenkbar, den Pädagogen außerhalb des politischen Feldes ansiedeln zu wollen. Es kann nur die Unterscheidung gemacht werden, welche Art von Politik ein Erzieher macht: ob er die Politik der Unterdrücker unterstützt oder die der Unterdrückten.

Die Pädagogik Freires ist insofern als revolutionär zu bezeichnen. Sie nimmt die Modifizierung oder gar den Umsturz der bestehenden gesellschaftlichen Verhältnisse in Kauf und zielt auf die Schaffung einer demokratischen, auf die Partizipation aller Mitglieder angewiesenen Gesellschaft, die der Konstellation von Unterdrücker – Unterdrückte keinen Raum mehr lässt. In diesem Punkt wird die problemformulierende Bildungsmethode zu einer Gefahr für die Eliten des Landes, die Bildung auf das Heranziehen frei manipulierbarer Wähler verkürzen, um ihre Machtansprüche zu sichern.

Insgesamt betrachtet, entwickelt Freire mit seinem Konzept ein realistisches Modell zur Überwindung der Unterdrückung Lateinamerikas, das nicht nur auf den Kreis jener Länder zu beschränken ist, die zur »Dritten Welt« gezählt werden. Vielmehr liefert Freire auch bedeutsame Impulse für das Erziehungs- und Bildungssystem in den westlichen Industrienationen, indem er den Blick schärft für Machtverhältnisse in der Lehrer-Schüler-Beziehung sowie eine »tote« Wissensanhäufung kritisch hinterfragt. Angesichts der rasant voranschreitenden Globalisierung mit all ihren Auswirkungen und der Erosion der sozialen Stützsysteme in Europa ist der politische Ansatz Freires aktueller denn je.

Literatur:

Freire, P.: Pädagogik der Unterdrückten. Bildung als Praxis der Freiheit. Stuttgart 1971

Ders.: Erziehung als Praxis der Freiheit. Beispiele zur Pädagogik der Unterdrückten. Stuttgart 1974

Ders.: Pädagogik der Solidarität. Wuppertal 1974

McLaren, P.; de Lissovoy, N.: Paulo Freire (1921–1997). In: Tenorth, H.-E. (Hrsg.): Klassiker der Pädagogik, Bd. 2: Von John Dewey bis Paulo Freire. München 2003, S. 217–226